Sábado 12 de Abril, 2025.

A.A. EN PRISIONES
DE PRESO A PRESO

Grupo Mi Ultima Esperanza
560 SE 4th Ave. Suite #230
Hillsboro, OR 97123

Alcoholics Anonymous World Services, Inc., New York, NY

A.A. EN PRISIONES: DE PRESO A PRESO

Título original: A.A. in Prison: Inmate to Inmate

Copyright © 2010 por Alcoholics Anonymous World Services, Inc.

Translated from English. Copyright in the English-language version of this work is also owned by A.A.W.S., Inc., New York, NY. All rights reserved. No part of this translation may be duplicated in any form without the written permission of A.A.W.S.

Traducido del inglés. El original en inglés de esta obra también es propiedad literaria de A.A.W.S., Inc., New York, NY. Reservados todos los derechos. Prohibida la reproducción parcial o total de esta traducción sin permiso escrito de A.A.W.S.

Todos los derechos reservados.

Los originales en inglés de las siguientes historias son propiedad literaria © de AA Grapevine, traducidas con permiso: Matar al dragón; Mi nombre es Elena; Ya no soy un farsante; De repente el programa cobró vida; La libertad; Las niñas judías buenas no van a la cárcel; Desde adentro hacia fuera; En el suelo de la cárcel; Cómo lograr a tener éxito afuera; Entre líneas; Para un simple obrero de Mississippi no está mal; Hacer las cuentas; Algo que se llama esperanza; Ernesto C., la cafetera y yo; De regreso a casa.

Los originales de estas historias están disponibles en la oficina del Grapevine o en el Archivo Digital en www.aagrapevine.org

Primera edición 1992
Edición revisada 2010
Primera impresión marzo de 2010
Novena impresión abril de 2019

**Esta literatura está aprobada por la
Conferencia de Servicios Generales de A.A.**

Dirección postal:
Box 459,
Grand Central Station
New York, NY 10163

www.aa.org

Alcohólicos Anónimos® y A.A.® son marcas registradas
de Alcoholics Anonymous World Services, Inc.

ISBN 978-1-893007-32-1

A.A. EN PRISIONES
DE PRESO A PRESO

"Alcohólicos Anónimos es una comunidad de hombres y mujeres que comparten su mutua experiencia, fortaleza y esperanza para resolver su problema común y ayudar a otros a recuperarse del alcoholismo.

"El único requisito para ser miembro de A.A. es el deseo de dejar la bebida. Para ser miembro de A.A. no se pagan honorarios ni cuotas; nos mantenemos con nuestras propias contribuciones. A.A. no está afiliada a ninguna secta, religión, partido político, organización o institución alguna; no desea intervenir en controversias; no respalda ni se opone a ninguna causa. Nuestro objetivo primordial es mantenernos sobrios y ayudar a otros alcohólicos a alcanzar el estado de sobriedad."*

*Copyright por el *A.A. Grapevine,*
reimpreso con permiso

PRÓLOGO

Las historias publicadas en la primera edición de este libro aparecieron originalmente en el A.A. Grapevine, la revista internacional mensual de A.A. En esta segunda edición hemos actualizado el libro agregando nuevas historias — algunas del A.A. Grapevine y otras presentadas directamente para nuestra consideración por parte de miembros de A.A. En este libro los reclusos cuentan sus historias personales del milagro de la recuperación. Cada uno encontró la esperanza y la liberación de la enfermedad devastadora del alcoholismo por medio del programa de Alcohólicos Anónimos. Estos A.A. comparten contigo sus experiencias con la esperanza de que tú te identifiques con su problema y que, por medio de los Doce Pasos, la camaradería y las herramientas de A.A., consigas la fuerza suficiente para unirte a ellos en el camino de la recuperación — física, mental y espiritual — del alcoholismo. Para saber más acerca de A.A., puedes leer el Libro Grande, *Alcohólicos Anónimos*, nuestro texto básico en el que encontrarás expuesto nuestro programa de recuperación.

Tal vez nuestro cofundador nos dio la mejor descripción de este milagro:

"He visto a cientos de familias poner sus pies en el sendero que sí llega a alguna parte; he visto componerse las situaciones domésticas más imposibles; peleas y amarguras de todas clases eliminadas. He visto salir de manicomios a individuos para reasumir un lugar vital en la vida de sus familias y de sus comunidades... No hay casi ninguna clase de dificultad y de miseria que no haya sido superada entre nosotros."

Bill W., cofundador
en "La historia de Bill"
Alcohólicos Anónimos, pág. 15

CONTENIDO

Matar al dragón — 11

Examen de conciencia — 16

Estimado Mac — 19

Breve historia — 22

Mi nombre es Elena — 24

Ya no soy un farsante — 28

La oración que realmente importaba — 31

Aprender por la dura experiencia — 35

De repente el programa cobró vida — 39

La libertad — 44

Las niñas judías buenas no van a la cárcel — 48

Desde dentro hacia fuera — 55

En el suelo de la cárcel — 59

Los milagros ocurren — 63

Salvada de sí misma — 68

Cómo lograr tener éxito afuera — 71

La libertad es un estado de ánimo _____ 78

Entre líneas _____ 87

Para un simple obrero de Mississippi no está mal ___ 93

Hacer las cuentas _____ 96

Algo que se llama esperanza _____ 100

Cinco acciones simples _____ 103

Ernesto C., la cafetera y yo _____ 109

De regreso a casa _____ 112

Lánzate de cabeza _____ 116

La vida es buena _____ 120

Los Doce Pasos _____ 124

Las Doce Tradiciones _____ 125

MATAR AL DRAGÓN

He sido "huésped" del Departamento de Correccionales del estado de Nueva York tres veces en tres años. Cada vez que salía en libertad, nunca estaba "preparada para enfrentarme al mundo." Ni mucho menos. La prisión no enseñó nada a esta mujer miembro de A.A. Mi único plan era sentirme avergonzada y sucia. Eso era lo normal para una víctima de incesto.

Llegué por primera vez a la Comunidad en 1988. Tenía 36 años de edad. Aún no tenía antecedentes penales. Me había parecido ser alcohólica desde que tomé mi primer trago. Después de mi primera reunión de A.A., no pude negarlo más. Me sentía agradecida. Creía que finalmente me encontraba en mi lugar. El orador de aquella reunión contó mi historia. Esa fue mi primera experiencia espiritual en el programa.

Con la ayuda del orador, ingresé en un centro de tratamiento al día siguiente. No sabía que el tratamiento significaría dejar a mis hijos gemelos de cinco años de edad. Estaría cuatro meses alejada de ellos. Si lo hubiera sabido, no me habría ingresado. Pero al mirar atrás, creo que fue una buena cosa el no saberlo.

Con la ayuda de A.A. y la gracia de Dios, me mantuve sobria seis años. Puse en segundo plano mis problemas con el incesto. Los cinco primeros años, comía, dormía, y respiraba A.A. Era lo que me mantenía íntegra. El sexto año decidí ir a la escuela de enfermería. Estaba muy ocupada. Antepuse la escuela a mi sobriedad. Entonces me perdí. A.A. se convirtió en algo del pasado.

Mientras estaba en la escuela de enfermería, empecé a sufrir de grandes dolores en la pelvis. Un médico me recetó un analgésico. (Naturalmente nunca le dije la verdad sobre mi historial médico.) Me sentí enamorada de este medicamento. No hay otra forma de describirlo. Me hacía sentirme inteligente. Me daba energía. Me convirtió en una supermamá. Me gradué la primera de mi clase: por fin era enfermera.

Mi único foco era la droga: conseguirla, conseguir más, y asegurarme de tener suficiente. En mi primer año de trabajar como enfermera, me arrestaron por falsificar recetas médicas.

Para nosotros en A.A., la locura significa "hacer lo mismo una y otra vez y esperar diferentes resultados." Por mi primer arresto me dieron libertad condicional. Por el segundo arresto tuve que ir a un campo de prisión de entrenamiento del Departamento de Correccionales de Nueva York. Y también por mi tercer arresto. Mi cuarto arresto fue por manejar bajo la influencia del alcohol y violar las condiciones de libertad provisional. Me dieron una condena de un año en la Prisión Albion. Todo esto pasó en menos de tres años. Habla de "obstinación desbocada."

Durante mis años en prisión, perdí a mi familia. Mis padres murieron, y mis hermanas y mi hermano decidieron que ya no podían aguantar más. Mis hijos vivían sus propias vidas. Por estar en libertad provisional, no se me permitía vivir con ellos. Eso me ofreció otra excusa para beber.

No se puede atemorizar a un alcohólico — no a esta alcohólica. Atemorizarme para enderezar mi vida nunca fue una posibilidad. Cuando salí en libertad en 1999, me emborraché. Al hacerme la prueba, di un nivel de .01, una violación de la ley. Por esa razón me podían haber enviado de vuelta a prisión. En lugar de eso, recibí la gracia de Dios y la ayuda de A.A. A la mañana siguiente estaba en un centro de tratamiento.

Esta vez me mantuve enfocada en mí misma. Puse por delante los problemas relacionados con el incesto. Con la ayuda de una mujer muy buena, los reduje todo lo que pude.

Pasé por la oscuridad y el terror. Tenía retortijones de estómago. Vomitaba. Temblaba hasta que me dolían los dientes, pero seguía adelante. La mujer no me daba tregua. No me daba ningún descanso. Lloré e imploré. Le suplicaba que me diera un trago "sólo para poder pasar las partes más difíciles." Me lo negaba una y otra vez. Le dije que me estaba matando, pero seguimos adelante. Me comportaba de manera odiosa pero mi ira no la desviaba de su propósito. Las otras mujeres del programa no podían tratar conmigo. Pero yo no dejaba que su temor me detuviera.

Me dieron un libro titulado "Fuerte en los sitios rotos". Noche tras noche, leía y leía. Al cabo de varias semanas, mi consejera me tomó en sus brazos. Me susurró al oído: "Carol, no es culpa tuya. Pero es tu responsabilidad." Después de eso, no quería dejar de intentarlo. Me había liberado de mis demonios. Sabía que nunca podría echarme atrás.

Se me puso un espejo delante de mi cara. Tenía muchas imágenes. Pero al final, todas eran buenas: Vi a una mujer de gran fortaleza y experiencia. La fortaleza fue lo que me liberó de una niñez maldita. Había sobrevivido el incesto. Había sobrevivido el Departamento de Correccionales de Nueva York. Una mujer lista y dispuesta a enfrentar la vida. A abrazarla. Una mujer que podía dar gracias a Dios por las cosas buenas y malas. Todas me habían conducido a mi despertar.

Han pasado casi cuatro años desde mi última vez en

prisión. Se han cumplido las Promesas de A.A., todas y cada una de ellas. Recientemente cumplí mi período de libertad vigilada y provisional, pero no fue una gran cosa. Sé que fueron la consecuencia de mi forma de beber.

Mis hijos gemelos están en el tercer año de universidad. Nos juntamos a menudo, y hablamos casi todos los días. Dios los sigue cuidando. Tengo una buena relación con una hermana, y una relación inestable con mi otra hermana. Mi hermano ha decidido apartarse de mi vida.

Resultó que mi compañero de vida es miembro de la Comunidad. Eso fue una agradable sorpresa. Nunca podría haber sido así si yo no hubiera logrado la sobriedad. No nos responsabilizamos de mantenernos sobrios el uno al otro. Somos responsables de nuestra propia sobriedad, y pedimos ayuda a otros en tiempos difíciles.

Llamo a mi madrina y me reúno frecuentemente con ella. He mantenido amistad con mujeres que conocí cuando llegué al programa. También tengo nuevos amigos. A.A. ha sido mi salvación. A veces me pellizco para ver si estoy despierta, porque mis sueños se hacen realidad todos los días. Sé que me mantengo limpia y sobria por la gracia de Dios, y la gente del programa.

Estoy en contacto con una mujer que va a salir en libertad en marzo. Sólo le puedo ofrecer mi experiencia, fortaleza y esperanza.

No se han terminado los tiempos duros. Hay dificultades, incluso tragedias. La vida en sus propios términos es un auténtico asco muy a menudo. La gente en las reuniones me apoya, me enseña y me ama. Sigo siendo testaruda. Sigo sin aceptar la autoridad. Y sigo dejando que el temor se me interponga. Pero está bien. Tengo ayuda en mi corazón y en todo mi alrededor. Sólo tengo que tender mi mano, y la mano de A.A. está allí.

Voy a las reuniones y comparto cuando se me pide. Siempre hablo del incesto en mi historia. Quiero ayudar a las mujeres que se aferran a sus pesadillas de abuso y vergüenza. Les digo lo que hay al otro lado. Las animo a enfrentarse a su dolor, para poder abandonarlo. Sé que pueden encontrar su fortaleza y su bondad. Sé que pueden compartir su esperanza. Una pequeña súplica de ayuda me acerca a Dios. Tengo el corazón lleno de agradecimiento y amor a la gente de todas partes. Juntos hacemos que las Promesas se conviertan en realidad. Destruiremos a los dragones y aprenderemos a aceptar la vida. El viaje está lleno de regocijo, de alegría y muchas risas. Es un gran regalo el saber que ya nunca tenemos que estar solos.

—Carol D., Homer, Nueva York

EXAMEN DE CONCIENCIA

Estaba cayendo una fuerte nevada. Los grandes copos de nieve eran lo único que podía ver a través de los barrotes de la Institución Correccional de Ossining. Me habían dado una sentencia de 5 a 15 años. Estaba esperando a que me enviaran al norte, a otra prisión de máxima seguridad.
  Toda mi vida he tratado de actuar como un tipo duro. Eso me mantenía con vida. Pero al verme rodeado de presos endurecidos, me di cuenta de que yo no era parte de ellos. Sabía que tenía que sobrevivir. Iba a tener que hacer mucho ejercicio y comer muchas papas. Los años de consumo de alcohol y vivir sin hogar me habían producido un gran desgaste físico.
  Sentado en mi celda, me preguntaba en qué me había equivocado en mi vida. No sabía nada acerca del alcoholismo. Pero en lo más profundo de mi corazón sabía que el alcohol había sido la causa de casi todos mis problemas.
  Un guarda vino a mi celda. "Tienes un visitante," me dijo. Imposible. Nadie viajaría con este tiempo. Especialmente para verme a mí. No tenía ninguna autoestima, ningún

aprecio de mí mismo. Pero haría cualquier cosa para salir de mi celda. Así que no puse en duda sus palabras.

Entré a la sala de visitas. Allí vi la mirada en los ojos de mi madre. Era la misma mirada que ya había visto cientos de veces, tal vez miles de veces. Pero esta vez yo no tenía en mí alcohol ni drogas para aliviar mi dolor. Quería arrastrarme y meterme debajo de la mesa. Las únicas palabras que pude decir fueron: "¿Por qué tenías que viajar en medio de esta tormenta? Yo puedo cuidarme de mí mismo." Aún estaba tratando de demostrar lo duro que era.

"Quería estar segura de que tuvieras cigarrillos y café," me dijo con el amor de una madre. En aquel mismo instante supe que algo tenía que cambiar. Si no me preocupaba por mí mismo, al menos tenía que dejar de hacer daño a quienes aún me tenían cariño. Pero no sabía cómo hacerlo.

Me enviaron a Clinton Dannemora. Allí me metí en más problemas por tratar de demostrar lo duro que era y sobrevivir. Finalmente me transfirieron a una prisión de media seguridad. Un consejero llamado Bill L. me tomó simpatía. Era amigo de Bill W., y había sido miembro de Alcohólicos Anónimos 12 años. Leyó mis antecedentes penales. Se dio cuenta de que yo era un alcohólico que necesitaba ayuda. No me dio información sobre mi enfermedad. Pero me introdujo al programa de A.A. Era muy prudente. Me imagino que no quería asustarme.

Empecé a trabajar para él en el programa de abuso de sustancias. Pero para hacerlo, tuve que aceptar estudiar para conseguir mi diploma de equivalencia de escuela secundaria. Más tarde me convenció para tomar cursos de universidad y conseguir un título asociado y un certificado de justicia juvenil. Me pareció que eso fue un gran logro. Yo había abandonado la escuela en el sexto grado. Pero ahora estaba empezando a sentirme bien acerca de mí mismo.

Un día Bill L. me llamó a su despacho y me pidió un favor. Quería saber si yo podría preparar la sala de reunión porque iban a venir unos oradores de A.A. de afuera. Tal vez vendrían a hablar también algunas mujeres. "¡Por supuesto!" dije sin pensármelo dos veces.

Resultó que no vino ninguna mujer. Me sentí decepcionado. Pero me quedé y escuché. Aquello fue el punto de cambio de mi vida, de mi actitud hacia la vida. El orador era de Brooklyn, un hombre africano americano de mediana edad. Yo también me había criado en Brooklyn. Soy de ascendencia hispana y en aquel tiempo aún no tenía 30 años. Pero podía identificarme con cada palabra del orador. Describió su alcoholismo. Habló sobre sus sentimientos de vergüenza, culpa y soledad. Dios mío, yo había tenido esos sentimientos toda mi vida. Pero nunca pude describirlos de esa manera. Sólo podía expresarme por medio de la ira y la furia. Por primera vez en mi vida, entendí mi verdadero problema. Tuve una sensación de esperanza.

Desde ese día asistí a casi todas las reuniones de A.A. Me concedieron la libertad provisional la primera vez que consideraron mi caso — mi primer milagro. No lo esperaba por tener una larga lista de antecedentes penales. Empecé a asistir inmediatamente a las reuniones de afuera. Me he dado cuenta de los beneficios del servicio en A.A. por medio del apadrinamiento a otros. Siempre había querido ser un consejero de abuso de sustancias. Y por medio de A.A. he podido lograr ese objetivo.

Pero primero y principal, soy alcohólico. Voy a cumplir 16 años de sobriedad. Estoy experimentado una vida que nunca pudiera haberme imaginado. No podría haberme imaginado los dones que recibo simplemente por estar sobrio. Y por ayudar a otro alcohólico enfermo que está sufriendo.

—Hombre anónimo

ESTIMADO MAC

Hola amigo mío. ¿Qué tal estás? Espero que todo te vaya bien a ti y a tu grupo base. Déjame decirte primero que yo estoy estupendamente — ¡gracias a Dios!

Mac, puedes compartir mi carta con el *Grapevine*. No puedo mantener mi sobriedad si no la regalo.

Los problemas que he tenido han sido siempre por culpa del alcohol. Estoy cumpliendo una condena por allanamiento de morada e intento de robo. Estaba totalmente trastornado. Estaba atrapado en las garras de un asesino de hombres. Doy gracias a Dios por estar vivo hoy. Muy a menudo lloro mucho. Dejé que el alcohol arruinara mi vida. Pero las lágrimas están causadas por una mezcla de emociones: culpa, tristeza y alegría. Hoy día sé que en A.A. tengo un amigo. La comunidad quiere salvarme de este asesino. No importa adónde esté. Lo único que tengo que hacer es encontrar un grupo de A.A. De esa manera, he encontrado un amigo. Hoy de verdad lo creo. No tengo miedo de tender mi mano para pedir ayuda. Quiero vivir.

Me he estado haciendo daño a mí mismo durante muchos años. También he causado daño a mi familia. Yo era un joven problemático. Odiaba mi vida y a mí mismo. No tenía amor ni respeto a mí mismo. Ni amaba ni respetaba a nadie. No sabía eso entonces. El alcohol me cegaba. Pero hoy día estoy aprendiendo la verdad acerca de mí mismo por la gracia de mi Poder Superior y el programa de A.A.

Mi madre me crió. Hizo lo mejor que pudo. Pero no sabía cómo ser una madre. Así que aprendí a ser hombre en las calles. Eso trastornó mi manera de pensar. Deformó mi visión de la vida. Y el alcohol empeoró el problema.

Ya llevo cinco años en prisión. Aún me quedan 11 meses para salir en libertad. He tenido muchos problemas debido a mi alcoholismo. No me arrestaron. Me rescataron. Y lo digo de verdad. Estaba a las puertas de muerte.

Había tenido problemas con la ley. Ya había estado antes en la cárcel. Pero esta vez toqué fondo. Finalmente admití ante mí mismo: no puedo beber alcohol en ninguna ocasión, en ningún momento.

Todavía recuerdo mi primera reunión en la cárcel. Les oí hablar de un "Poder Superior". Hablaban de un "Dios, como cada cual lo concibe". Luego alguien dijo: "Puedes utilizar cualquier cosa como tu Poder Superior". Salí de allí llorando como un niño. Llevaba una Biblia en la mano.

No lo sabía entonces, pero Dios iba a salvarme por medio de A.A. Yo no creía que A.A. pudiera ayudarme. Creía que esos tipos estaban peor que yo. Ese era mi problema, incluso en la cárcel: estaba en una situación lastimosa. Pero no creía estar muy mal.

Leí la Biblia aquella noche. Mi Poder Superior me condujo al pasaje que dice: Todo lo puedo en Dios que me fortalece. Y me puse a llorar y a rezar. Hasta ese momento no sabía cómo iba a salir adelante. Estaba triste y cansado.

Empecé a asistir a las reuniones de A.A. Me sentaba y escuchaba. Esperaba que alguien dijera algo que me ayudara, que me enseñara la forma de manejar este monstruo. Semana tras semana, oía contar las historias. Y al final de las reuniones, alguien decía: "Pide ayuda", "Sigue viniendo". Me di cuenta de que ésa era la solución. Así que seguí asistiendo. Finalmente, mi Poder Superior me ayudó a verlo: Tenía que pedir ayuda. No he estado nunca en una reunión de afuera. Pero si Dios quiere, asistiré. Ya que estoy adentro, voy a todas las reuniones que hacen aquí.

Hablé con la encargada de mi unidad acerca de un programa de Doce Pasos. Me dijo que hiciera la sugerencia de iniciar un programa. Que lo pusiera por escrito. Lo hice. Fue aprobado hace una semana y media. Así que estoy esperando que empiece.

Por medio del mensaje de A.A., estoy aprendiendo a vivir "la vida en sus propios términos". Nunca podría haber hecho eso por mí mismo. No estoy culpando a otros por mis malas decisiones. Hoy acepto mi propia culpa. No es fácil. Es un proceso de aprendizaje. Lo he adoptado en A.A. Hoy quiero vivir.

Me siento agradecido — verdaderamente agradecido.

—Curtis

BREVE HISTORIA

Este es un breve resumen de mi vida de bebedor. Empecé a beber a los 16 años de edad. Eso era "tarde" en la vida. Debo dar las gracias a mis vecinos por haber sido así. Mi mamá y mi papá bebían. Tuvieron cinco hijos. Dependíamos de la asistencia pública. Decían que yo era un "niño problema". Me escapaba de casa. Huía del abuso. Estuve en familias de acogida hasta los 16 años.

Cuando volví a casa, mis padres bebían aun más. Se gastaban en bebida el dinero que recibían del condado como asistencia. Dejaban que las iglesias, sus amigos y nuestros vecinos nos dieran de comer. Así que abandoné la escuela. Conseguí un trabajo para que mis hermanos y mi hermana tuvieran algo para comer. Entonces empecé a robar el alcohol de mis padres. Lo hacía para ahogar mis sentimientos.

A los 18 años, pasé 30 días en un centro de rehabilitación. Antes de eso, había estado hospitalizado. Me había caído de un tercer piso. Seguí bebiendo. Tuve problemas con la ley. Entonces el tribunal me envió a rehabilitación.

A los 30 años, me hospitalizaron por intoxicación etílica. Había ido a una fiesta de Halloween. Me había bebido una botella y media de whisky en menos de 10 horas. Me fui a mi casa y me quedé dormido en una silla. Si me hubiera acostado en la cama, hoy no estaría vivo. Mi vecino vino a ver cómo estaba yo. Eso me salvó la vida. Me llevaron de emergencia al hospital local. Me hicieron un lavado de estómago. Tenía dolores terribles. Estaba casi muerto. Tenía un nivel de alcohol muy alto en la sangre y por eso no me podían dar analgésicos. El veneno hizo que el hígado dejara de funcionar tres días. Después de varias semanas de tratamiento, me

enviaron a casa. Ahora tengo hepatitis A y C debido al daño que causé a mi hígado.
Este fue un punto de cambio en mi vida. Por la gracia de Dios me salvaron la vida.
Empecé a asistir a las reuniones de A.A. Asistí a las reuniones durante casi cinco años. Tuve muchas recaídas. Pasé un año en rehabilitación. Luego vine a la prisión.
En los 36 años antes de ingresar a prisión, perdí a mi esposa. Perdí todo lo que poseía. Esta es la forma de aprender más difícil para un alcohólico. Pero Dios tenía una razón. Me quitó mi antigua manera de vivir. Me ha devuelto la dignidad. Aún puedo aprender de mis errores.
Quiero que el tiempo que me queda por vivir sea feliz y alegre. Espero que sea así por la gracia de Dios. Si Dios quiere, puedo vivir sin alcohol. Quiero ayuda para poder dejar de beber y así seré un ganador.

—Hombre anónimo

MI NOMBRE ES ELENA

Mi nombre es Elena, y soy alcohólica. Al igual que la mayoría de nosotros, llegué a A.A. por el camino duro. Sabía que tenía un grave problema con la bebida. Pero tardé un año en hacer algo al respecto. Antes de hacerlo un hombre había muerto. Yo me encontraba acusada de homicidio involuntario. Y me encontraba encarcelada

Al principio me decía: "Ya es demasiado tarde. ¿Por qué no morir bebiendo?" Ya había intentado morir varias veces. ¿Por qué no hacerlo ahora?

Pero por la gracia de Dios, estoy viva hoy. Debe de haber sido Su voluntad, porque yo no tenía la voluntad de vivir. La única razón por la que quería ser puesta en libertad bajo fianza era para poder comprarme una botella de sedantes y otra botella de whisky. Esa vez tendría el buen sentido de no llamar a nadie para pedir socorro.

Mi abogado se dio cuenta de mi lamentable estado de ánimo. Llamó a mis hermanas para advertirles. Cuando fui liberada bajo fianza, una hermana mía estaba allí esperándome para evitar que me hiciera daño. Fui a la ciudad de Nueva York para alojarme con ella. Ella tiene el mismo problema con el alcohol que yo. En ese entonces, ninguna de las dos queríamos admitirlo. Empezamos a tener violentas peleas. Muy pronto me vi más dispuesta a pasar el tiempo de espera en la cárcel, que pasarlo con ella.

En vez de esto, encontré un apartamento para mí sola. El tiempo que pasé en soledad fue una bendición. Bebía todavía. Pero sin las presiones extraordinarias, bebía mucho menos. Los siguientes meses los pasaba reflexionando sobre mí misma. Me preguntaba por qué estaba donde estaba. Siempre había participado enérgicamente en las actividades de mi comunidad. La gente me había tenido mucho respeto. Entonces conocí a un hombre, muy bebedor, y empecé a desbocarme bebiendo. Echaba la culpa de todo a esa aventura desgraciada.

En julio volví a Florida. Empecé a colaborar con mi abogado en la preparación de mi defensa. El hombre con quien había vivido estaba muerto. Me encontraba metida en un grave lío.

Mi abogado me envió a un psiquiatra. La primera vez que lo vi, me dijo que era alcohólica. Volví a casa y brindé por su perspicacia. En otra ocasión, le hablé sobre el abuso que me había hecho ese hombre. Me dijo que nadie podría haberme hecho tales cosas a mí. Yo le había permitido hacérmelas.

Dondequiera que recurriera, estaba perdiendo mis excusas. Tenía que hacer frente al hecho: yo era la única responsable. Era difícil hacerlo. Después de cada sesión con el psiquiatra, me tomaba un trago.

¿Por qué dejar de beber? Sin duda tendría que dejar la bebida cuando estuviera en prisión. ¿Por qué resistirla ahora? Cada vez que me emborrachaba, quería tomarme una botella de sedantes. Pero recordaba la última vez que me tomé una sobredosis. Recordaba ver a mi hijo deshaciéndose en lágrimas. Y que mi hija se fue a vivir con su padre. Por estar harta de la miseria en casa.

Mi psiquiatra era paciente. Estaba siempre a mi disposición. Creo que por fin decidí dejar la bebida para complacerle a él. Lo hice tres meses antes del proceso. Me di cuenta de que sobria podía enfrentarme mejor con la pesadilla. Era todavía horrible. Pero, por lo menos, podía controlar el impulso de suicidarme.

Entonces, empecé a preguntarme: ¿sería posible enfrentarme con la vida normal sin beber? ¿Qué haría en una fiesta? Todos mis amigos bebían. O casi todos. Tenía algunos amigos que eran miembros de A.A. En aquel entonces, vivía cerca de la playa. Toda la gente playera era muy fiestera. Empecé a tomar tónica con limón, sin alcohol. ¡A nadie le importaba en absoluto! Todavía me podía divertir. Todavía tenía amigos.

De hecho contaba con el apoyo de mis amigos que bebían. Mis amigos que no bebían también me ayudaban. Todos se preocupaban por mí. Empezaba a confiar en mis amigos. Empezaba a apoyarme en ellos. Y nadie me volvió la espalda.

Empezaba a tener largas conversaciones con mis amigos de A.A. Estaban a mi disposición las 24 horas del día. Por fin, una amiga me convenció para asistir a una reunión. Lo hice para quitármela de encima. Una vez más, me sorprendió la compasión y el calor que allí encontraba. Algunos incluso sabían que yo iba a ser juzgada por asesinato. Y se preocupaban por mí.

Empecé a darme cuenta de cosas importantes: era yo quien había rechazado a la gente durante toda mi vida. Me había dicho mentiras a mí misma y a otras personas. Me di cuenta de que yo les gustaba a otras personas. No estaban tratando de aprovecharse de mí. Ahora, no tenía más que darles sino a mí misma.

Fui procesada y declarada culpable de homicidio involuntario. Ahora estoy en prisión. Me he sentido atemorizada, arrepentida, desesperada. Luego me uní al grupo de A.A. de la prisión. Allí recibí un tremendo apoyo moral de los oradores visitantes de afuera. Pero todavía no los creía cuando les oía decir que las cosas mejorarían. Que entregara mis problemas a Dios.

¿Cómo me podía ayudar Dios donde yo estaba? No iba a liberarme de la prisión. No iba a hacer callar a estas 80 mujeres del dormitorio para que yo conciliara el sueño. No iba a evitar que robaran o pelearan o insultaran. Puede ser que Dios esté en todas partes, pero yo no Lo veía aquí adentro.

Entonces empecé a resignarme a mis circunstancias. Seguía asistiendo a las reuniones y a los servicios religiosos. Estaba esperando algo — sin saber precisamente qué. Y entonces empecé a sentirme un poco mejor. Y a sonreír de vez en cuando. Incluso empezaba a tener sentimientos más bondadosos para con estos animales aquí. Y entonces, descubrí algo maravilloso: Descubrí que dichos "animales" tenían nombres y emociones y temores — al igual que yo. Empecé a consolar a algunas. Empecé a ofrecerles consejo. Y me olvidaba de mí misma por un rato. El ayudarlas me ayudaba.

Un día, tenía que escribir una carta. Mencioné que me quedaba muy poco papel. De repente, tenía una cantidad suficiente como para escribir un libro. Tres o cuatro reclusas vinieron y me dieron papel de su propia ración. Había estado ciega. No había visto a mis amigas. Allí habían estado, llamando a la puerta. Y yo tenía miedo de contestar. Por fin abrí la puerta.

Ahora las cosas están mejorando. Mis amigas aquí me consuelan. Mis amigos de afuera hacen lo que pueden. Voy aprendiendo a vivir como A.A. lo sugiere. Vivo en los Doce Pasos. Esto hace la vida mejor para mí. Y para aquellos que viven conmigo.

Voy desarrollándome como tenía que desarrollarme. Cuando salga de aquí, tendré la fortaleza suficiente para sobrevivir. Gracias a Dios, a A.A., a la iglesia, a una familia cariñosa y a muchos amigos maravillosos. Voy a lograrlo ahora — un día a la vez.

—H.P., Florida

YA NO SOY UN FARSANTE

Cada vez que leía el Quinto Capítulo del Libro Grande, dos palabras saltaban de la página: "rigurosa sinceridad." De hecho, aparecen tres referencias a la sinceridad en la primera página del Quinto Capítulo. Pero, ¿por qué agregar esto de "rigurosa"?

Al unirme a los A.A. me seguía esforzando por practicar el programa. Trataba de hacer aquel Cuarto Paso. Por fin me di cuenta de por qué se recalca tanto la sinceridad. Para tener éxito en este programa, tendría que ser sincero conmigo mismo. Sin la sinceridad, no puedo poner en práctica ningún Paso. No puedo trabajar en ningún aspecto del programa. No puedo mantenerme sobrio

Para explicar el efecto que esto ha tenido en mi vida, quisiera contarles una historia. Se trata del tiempo que he pasado con reclusos que ya son miembros de A.A. Y otros que están considerando la posibilidad de unirse a un grupo. En la prisión, existe un "código de ética" implícito. Este código influye constantemente en las decisiones diarias. Cada día una persona se ve enfrentada con la alternativa de ser honrado o no serlo.

Trabajo aquí como dibujante y arquitecto proyectista. Tengo a mi disposición todo tipo materiales de dibujo. Quería tener algo que pudiera producir algunos beneficios con qué mantenerme. Decidí convertir un pasatiempo artístico — el diseño de tarjetas de felicitación — en empresa lucrativa.

¿Quién podría estar en mejores condiciones para montar un negocio de este tipo? Podría comprar algunos materiales a precio reducido — lo cual se exige si queremos hacer un trabajo así en la celda. Los demás materiales me los facilitaría el estado mientras estuviera trabajando. Yo hacía un buen trabajo para ellos, jornada completa, cinco días a la semana. ¿Por qué no "tomar prestados" algunos materiales?

Más o menos al mismo tiempo, empezaba a "politiquear" en el programa de A.A. aquí. (Yo era en aquel entonces tan falso como un billete de tres dólares.) Me las arreglé para reunir suficiente apoyo y votos para ser elegido como secretario. Así llegué a ser un "pez gordo" en uno de los grupos más grandes en el departamento de correccionales de Texas.

En ese punto se estropeó toda la maquinaria. Decidí empezar a leer algunos de los libros y folletos del programa. Lo hice porque no quería pasar vergüenza por no poder responder inmediatamente a cualquier pregunta que me hicieran.

Bueno, la mayoría de ustedes ya saben el desenlace de la historia — el programa me enganchó. Y así empezó la batalla con mi conciencia.

Día y noche luchaba conmigo mismo. Los domingos, me encontraba frente a 200 presos o más. Les decía que A.A. era un programa honesto. Pero yo todavía no podía ser honesto conmigo mismo.

No puedo decir exactamente cuándo me sucedió. Pero en cuanto vi el desacuerdo, tiré todos los artículos de contrabando que tenía en mi casa (es decir, mi celda). A menudo hablamos de deshacernos de esa pesada carga que llevamos sobre nuestros hombros. Pues yo lo hice. Les puedo asegurar que perdí 1,000 libras en aquel momento de la verdad.

Quería contárselo a todo el mundo. Fui a ver a tres íntimos amigos, miembros del programa. Les dije lo que me había sucedido y lo bien que me sentía. Los reclusos tienden a ser desconfiados. Creo que la mayoría de mis compañeros lo consideraban como una fase por la que estaba pasando. Y no me habría parecido extraño si así lo consideraran, ya que todos se daban cuenta de lo farsante que yo había sido.

No sé si esto fue mi despertar espiritual. Pero sé que mi vida sin duda ha mejorado. Estoy ahora más contento con los demás y conmigo mismo. Practico el programa con más "rigurosa sinceridad" que nunca.

Para terminar, quiero decirles a los reclusos principiantes en el programa de A.A. El corazón del programa está en el Libro Grande de Alcohólicos Anónimos. Consíganse un ejemplar de este libro y léanlo todo. Les alegrará haberlo hecho.

—Stan, Texas

LA ORACIÓN QUE REALMENTE IMPORTABA

Toda mi vida he rezado muchas oraciones. La mayoría de ellas eran más o menos así: "Por favor Dios mío, sácame de este aprieto. Y prometo que seré buena."

Cada vez que me metían en el asiento de atrás del auto de la policía, rezaba. Cada vez que se cerraba de un portazo la puerta de mi celda, rezaba. Cada vez que tenía que presentarme ante el juez, decía: "Dios mío, nunca volveré a hacer las cosas mal." Y lo decía de verdad. Eso es lo triste. Quería sinceramente dejar de meterme en problemas. Pero no veía el verdadero problema: yo misma.

Empecé a beber y a usar drogas a los 11 años de edad. Al principio lo hacía para encajar. Luego trataba de escapar de los sentimientos de soledad e inferioridad. Me había sentido así desde que podía recordar. Esto me llevó a hacer daño a otros, y a mí misma. Esas acciones me provocaban sentimientos de culpa y vergüenza. Entonces bebía para escaparme de esos sentimientos.

Esto fue progresando, como siempre pasa con el alcoholismo: bebía y usaba drogas todos los días. Me encontré viviendo en los barrios marginales. Para entonces, bebía para mantenerme viva. Tenía 31 años. No conocía otra forma de vivir. Tenía un gran agujero en mi alma. No podía imaginarme la vida con o sin alcohol. Estaba en el lugar para dar el salto. El lugar de que habla el Libro Grande en "Una visión para ti."

Una mañana muy temprano me encontraba sola en una habitación de un hotel. El dolor era demasiado para mí. Estaba llorando y caí de rodillas. Dije una simple oración: "Dios, no puedo seguir así. No conozco otra manera de vivir. Por favor ayúdame." Seguí bebiendo y tomando drogas. Pero creo que esa oración fue mi rendición. Dos semanas más tarde, mi Poder Superior respondió a mi oración. La respuesta se presentó en la forma de la policía de la ciudad, el departamento de policía de Honolulu. Me volvieron a arrestar. Y me metieron en la cárcel.

Pero esta vez fue diferente. Había un cambio en lo más profundo de mí misma. Tenía una mente más abierta. Tenía que cumplir una condena de dos años por ser reincidente. Solicité entrar en las "clases" de tratamiento. Quería dar una buena impresión a la junta de libertad condicional. Pero también empecé a asistir a las reuniones de A.A. en la prisión. Llevaba conmigo mi papel para que lo firmara la secretaria. Por la gracia de mi Poder Superior, esto empezó mi recuperación. Fue mi regreso de un estado desesperado de mente y cuerpo.

La supervisora de mis clases de tratamiento era miembro de Alcohólicos Anónimos. Nos reuníamos tres mañanas a la semana. Ella compartía con nosotras su experiencia, fortaleza y esperanza. Era muy diferente a mí. Caerse de taburetes de bar en clubs de lujo era parte de su fondo. Se acostaba con algunos desconocidos. Yo no podía identificarme con eso. Y luego empezó a hablar acerca de sus sentimientos, de cómo se sentía sola e inferior, airada y temerosa. Podría haber estado hablando de mí. También habló de su vida en sobriedad. Habló de la belleza de la recuperación. Empecé a tener un poco de esperanza.

Muchos prisioneros usaban las reuniones de A.A. para juntarse con sus novias. Las mujeres vivían en otro pabellón residencial. Algunas veces yo no quería ir a las reuniones. Había muchas interferencias y discusiones. Pero empecé a escuchar las lecturas. Escuché muy cuidadosamente la lectura de "Cómo funciona." Incluso me ofrecí para leer algunas veces.

Una noche vino una oradora de fuera. Era una mujer más o menos de mi edad. Contó una historia que era muy parecida a la mía. Habló de la confusión y la depresión en su vida. Habló de lo que sucedió que cambió su vida. Y habló del milagro de su vida hoy día. Sentí que se había plantado otra semilla de esperanza. Empecé a rezar todas las noches. Usaba la Oración de la Serenidad y la del Tercer Paso. Al principio no podía recordar todas las palabras. Así que las escribí en un pedacito de papel. Luego las leía una y otra vez. Finalmente pude recordarlas de memoria. También leía el Libro Grande, especialmente las historias. Empecé a darme cuenta de que era alcohólica.

Después de cuatro meses, me dejaron salir bajo la supervisión de un programa de trabajo del estado. Estaría allí en lugar de la prisión. Estaba muerta de miedo. En el pasado, cada vez que salía, hacía lo mismo — volvía a los sitios que antes frecuentaba. Pero esta vez encontré una reunión cerca. Empecé a asistir diariamente. Sabía esto: si no empezaba a trabajar en el programa de A.A., no me quedaría. Mi Poder Superior sabe exactamente lo que necesito. Puso ángeles en mi camino. Me enseñaron que este programa realmente funciona. Han pasado cuatro años, tres meses y 27 días desde que salí por la puerta de la prisión. No he tenido que volver. No me he tomado un trago ni drogas en todo ese tiempo. No he hecho daño a nadie a propósito, ni siquiera a mí misma.

Al principio, oí a alguien decir: "Si quieres lo que

tenemos, haz lo que hacemos." Me lo tomé muy en serio. Sé cómo beber, robar, mentir y engañar. Sé cómo usar a la gente, y cómo defraudar a la gente. No sé cómo vivir la vida. Aquí teníamos un grupo de personas que se mantenían sobrias. Estaban aprendiendo a vivir la vida tal como la vida se presenta. Me uní a un grupo base. Conseguí una madrina. Empecé a trabajar en los Pasos, y a prestar servicio. Y, pasara lo que pasara, no bebía.

Hoy día, me estoy convirtiendo en la mujer que nunca creía posible llegar a ser. Tengo un trabajo. También voy a la universidad a tiempo parcial. Estoy reparando las relaciones con mi familia, especialmente con mi hija. La abandoné hace 13 años; no podía cuidarla. Estoy aprendiendo a ser una amiga de mis amigos, una trabajadora entre los trabajadores. Sobre todo, soy una agradecida miembro de Alcohólicos Anónimos.

Este es mi mensaje a cualquiera que esté pasando dificultades allí afuera: Si yo puedo cambiar, entonces cualquiera puede hacerlo.

—Elizabeth B., Honolulu, Hawaii

APRENDER POR LA DURA EXPERIENCIA

Cuando era más joven, oí a alguien en una reunión de Alcohólicos Anónimos decir: "Me juzgaba a mí mismo por mis intenciones. Pero todo el mundo siempre me juzgaba por mis acciones." En aquella ocasión yo era demasiado joven para comprenderlo, pero un día, vería cómo eso afectaría mi vida.

Era una adolescente en aquel entonces, con unos pocos días en A.A. Creía que la vida había sido muy dura conmigo. No había nada que nadie me pudiera decir respecto a la bebida. Con esa manera de pensar, viví unos pocos años más llenos de sufrimiento. No puedo decir adónde estaría hoy si no fuera por A.A. Ha sido necesario mucho trabajo con madrinas honestas. Me ha costado un año en prisión. Pero estoy empezando a verme a mí misma: quién era y quién soy realmente.

Era una mentirosa, una tramposa y una ladrona cuando tenía cinco años. Robaba y mentía antes de saber lo que esas palabras significaban. A los 15 años, podía controlar a casi cualquier persona. Me creía mis propias mentiras.

Cuando me hice adulta, mi comportamiento empeoró aun más. Puede que a mi familia y a las personas a mi alrededor les pareciera que me estaba divirtiendo. Pero por dentro, me sentía mal por mi comportamiento. Aun así, no sabía comportarme de otra manera.

Cuando tenía 10 años, empecé a robar alcohol a todo el mundo. Bebía como si me estuviera tomando mi último trago. Siempre quería más. Y hacía lo que fuera necesario para conseguir un trago. O por la sensación conectada con la bebida.

El día que cumplí 21 años, conseguí un trabajo en un club de caballeros de Washington D.C. Estaba deseando empezar a trabajar allí. Mi forma de beber había alcanzado otro nivel, igual que mis actos cuando estaba borracha. Al poco tiempo me despidieron de cada club de D.C. La bebida me estaba costando mis trabajos. Estaba destrozando mis relaciones. Y me estaba gastando una inmensa cantidad de dinero. Me sentía avergonzada por mi estilo de vida. Pero nunca veía una salida. En este punto, vivía separada de mi familia. Recibían visitas de detectives de la policía que me estaban buscando.

Para mantener mi vicio, cometía crímenes diariamente. Empecé a sentirme agotada. Al poco tiempo me arrestaron en Virginia. Me dieron una citación para comparecer ante el tribunal. Entonces me escapé a California. No sabía adónde iría pero sabía que tenía que hacer algo diferente. Sé que esto parece una locura, pero en California empecé a darme cuenta de una nueva forma de vida totalmente distinta. Era una vida en la que nunca había pensado mientras estaba borracha. Ahora creía que podría ser parte de ella.

Así que allí estaba yo, en la soleada California. Me encontraba a 3,000 millas de distancia del desastre que había hecho de mi vida. Pero de todos modos sabía que era una fugitiva. Eso me hacía sentir muy nerviosa. Me resultaba muy difícil llevarme bien con la gente. No podía confiar en nadie. Quería lograr la sobriedad. Pero estaba llena de temor. Ni siquiera podía hablar con una madrina. En el sur de California, ingresé en una casa de transición para mujeres. Pasé unos meses sobria. Lo conseguí con sólo asistir a las reuniones. Pero antes de darme cuenta, estaba otra vez borracha.

Pasaron varias semanas. Bebía como si nunca hubiera dejado de hacerlo. En pocos días, volví a cometer los crímenes de antes. Creía que los había dejado en Maryland. Entonces algo cambió. En la mañana del día 3 de abril de 1999, estaba tumbada sin conocimiento. Entonces, al despertarme, de pronto vi la verdad: soy impotente ante el alcohol. Y hace que mi vida sea ingobernable. Esa mañana descubrí que había estado intentando huir de la enfermedad. Y la enfermedad me había seguido. Entonces supe lo que hoy día sé: soy alcohólica.

Empecé a practicar de verdad el programa de Alcohólicos Anónimos. De la forma en que se expone en el Libro Grande y en los Doce Pasos y Doce Tradiciones. Mi Poder Superior parecía saber lo que yo necesitaba: una madrina muy estricta. Afortunadamente había muchas en Santa Barbara, California. Mi madrina me guió por los Pasos. Me animó a ponerme en acción. Y me ayudó a llevarme bien con mi Poder Superior.

Con el apoyo de mi familia, A.A. y mi Poder Superior, volví a Virginia y me entregué a la justicia. Acababa de celebrar un año de sobriedad. Tenía que presentarme para responder a otras órdenes judiciales en Maryland. El juez de Virginia me permitió ir a Maryland para presentarme ante la justicia allí también.

Una de las órdenes de arresto de Maryland era por un robo que había cometido mientras estaba borracha. También agredí a un empleado y robé $400. Sabía que tenía que hacer reparaciones directamente con el empleado. Hice lo que el tribunal me permitió: le escribí una carta. Devolví el dinero que había robado. Me dieron una condena de diez años en prisión. Tenía que cumplir dos años. Salí en libertad después de un año, con tres años de libertad condicional.

Necesitaba la prisión para aprender varias lecciones acerca de la compasión y la humildad. No había estado dispuesta a aprenderlas en ningún otro sitio. No quiero volver nunca a la prisión. Pero la experiencia me enseñó muchas cosas sobre mí misma. Me mantuve sobria mientras estuve en prisión. Trabajé con otros alcohólicos. Hice contactos con personas sobrias. Un día a la vez, me he mantenido sobria después de la prisión. ¿Cómo? Haciendo las mismas cosas que hacía antes de ir allí.

Acabo de celebrar cinco años de sobriedad. Sigo trabajando en los Pasos, ayudando a mis compañeros y practicando los principios de A.A. en todos mis asuntos diarios.

Los milagros siguen ocurriendo. Estudio en una universidad local para conseguir un título en estudios paralegales. Soy copropietaria de una tienda de libros y artículos de regalo. Estoy encargada de un club de recuperación; celebramos reuniones de Doce Pasos durante todo el día.

Solía esperar recibir alabanzas por todas estas cosas maravillosas que hago. Pero a quien corresponden esas alabanzas es a mi Poder Superior y a Alcohólicos Anónimos. En un tiempo era una borracha que robaba, lastimaba a la gente y a mí misma. Hoy día mis acciones están basadas en el servicio y la gratitud.

—Mujer anónima

DE REPENTE EL PROGRAMA COBRÓ VIDA

Ya hace nueve años que conozco A.A. No recuerdo la primera reunión. Pero sé que tenía un problema con la bebida.

A la edad de 15 años, la bebida era para mí más importante que mi vida misma. Una noche de mis años de secundaria, mi novia tiró mi botella por la ventana del coche. Me tiré del coche para salvarla sin siquiera pensar en que estábamos en la autopista. Estábamos viajando a unas 50 millas por hora. Por esa pequeña botella pagué con una pierna rota, una conmoción cerebral y una convalecencia de seis meses. En aquel entonces, no creía que la bebida tuviera efecto en mi vida. Ahora, puedo ver que mis problemas, así como mi forma de beber, estaban empeorando.

Tenía sólo 13 años cuando empecé a beber. A la edad de 15 años, físicamente, la bebida ya me estaba infligiendo pérdidas graves. A 16 años, me estaba metiendo en problemas con la policía. La gente me consideraba un muchacho bueno. Pero cuando bebía me convertía en un muchacho con problemas.

Raramente me quedaba en casa. Estaba todos los días

en los bares. Acababa en lugares extraños a horas extrañas. A menudo con la policía a pocos pasos detrás de mí. Por ejemplo, si tenía ganas de comerme una sopa china a las dos de la mañana, pronto me encontraba en la cocina del restaurante chino del barrio, cocinando. La mayoría de las veces, la policía también me encontraba echando sangre por las heridas que tenía por haber entrado por la vitrina del restaurante. A esto la policía lo llama allanamiento de morada.

Otra costumbre ilegal que tenía: si tenía necesidad de un trago y los bares estaban cerrados, rompía la vitrina de alguna tienda de licores y me llevaba un par de botellas. La policía lo llamaba robo con fractura.

Después de haber sido arrestado unas seis veces, fue el parecer de los tribunales que era hora propicia de que yo cumpliera una condena. Me sentenciaron a tres años. Cuando llegué a la institución, al norte del estado de Nueva York, vi a mucha gente de mi barrio. No me di cuenta en ese momento de que tenía un círculo de amistades muy limitado.

Mientras estaba en prisión, hacía lo mío: bebía diariamente. Tenía un buen trabajo. Me deparaba la oportunidad de fabricar la suficiente cantidad de aguardiente casero para que me durara durante mi estancia. Cumplí dos años de mi sentencia. Salí no más sabio que cuando entré.

De alguna forma, me enteré de A.A. y decidí probarlo. La gente que conocí en las reuniones era muy simpática. Me gustaba lo que tenían que decir y cómo lo decían. Pero no estaba listo para rendirme. Creía tener algunas fiestas más que celebrar. Durante unos cuantos años, entraba y salía de A.A. como un péndulo. Cuando me sentía herido, solía recurrir a A.A. para dejar de beber un rato sin lograr la sobriedad. Aprovechaba de los aspectos del programa que me gustaban. Cuando las cosas se ponían mejor, abandonaba a mis amigos del programa. Olvidaba todo lo que pudiera haber aprendido. Salía para buscar más heridas. Después volvía arrastrándome a A.A., pidiendo ayuda.

Siempre había gente de A.A. dispuesta para ayudarme. Pero no quería ayudarme a mí mismo. No al cien por ciento. Aceptaba una parte del programa. El resto lo hacía como más me conviniera. Durante ese período, pasé tiempo en un buen número de hospitales y algunas cortas estancias en la cárcel. Pero también me matriculé en la escuela. Conseguí un buen trabajo en el campo de la medicina. Pero no me gustaba quedarme mucho tiempo en un empleo. No quería que la gente alrededor mío se enterara de mis costumbres de beber.

Durante esas rachas de "sequía," participaba en las actividades de mi comunidad. Desempeñaba una función importante para un partido político. Era delegado de un sindicato nacional. Pero cuando llegaba la hora, lo estropeaba todo bebiendo. No me sentía digno del prestigio o del honor que tenía. No me conocía muy bien a mí mismo. Y no me gustaba lo que veía de mí mismo. Así que volvía a la botella.

Ahora sufría lagunas mentales con más frecuencia. Me desperté una vez en la playa de Miami Beach con resaca e insolación. Y ni siquiera me acordaba de haberme ido de Nueva York.

Llegué a la conclusión de que estaba loco. Creía que ésta era la razón por la que A.A. no tenía efecto en mí. La gente del programa era muy simpática. Yo quería ser uno de ellos. Pero no podía ser honrado. Así pasé ocho años; con una docena de arrestos, media docena de extremaunciones. Destrocé algunos coches. Perdí trabajos. Tuve un matrimonio que duró tres semanas.

Luego me desperté nuevamente ante un juez. Vi mi vida entera pasar por mis ojos. Me mandó otra vez a Sing Sing. Por la noche en mi celda solía quedarme tumbado en la cama tratando de explicarme dónde me equivoqué de camino. Pasadas un par de semanas, me trasladaron a un lugar conocido por el nombre de "Pequeña Siberia". La prisión estaba más lejos de la ciudad de Nueva York y de mi casa.

Allí llegué a aprender lo que es la sobriedad. Disponía

de mucho tiempo para conocerme a mí mismo. Me parecía que, en realidad, yo no era un tipo desagradable. De hecho, cuando no bebía era un tipo bastante amable. Asistí a la reunión de A.A. allí. Estaba deprimido. Vi a unos diez hombres contando chistes. Estaban divirtiéndose mucho. Hablé con el coordinador del grupo. Le pregunté qué estaba pasando. Me dijo que esos hombres simplemente no se sentían parte de A.A. Estaban en prisión. Aun queriéndolo, no podían conseguir un trago. Le pregunté si podía hablar ante el grupo.

Aquella noche, cuando hablé, A.A. cobró para mí un nuevo significado. De repente, todo el programa tenía sentido. Era como si otra persona estuviera hablando dentro de mí. Y lo que me salió de la boca, me sorprendió incluso a mí mismo. Además, parecía que a los hombres les gustaba lo que tenía que decir. En la siguiente reunión, me eligieron coordinador del grupo.

Debido a que yo estaba metido en el programa, algunos de mis amigos decidieron probarlo. Cada vez empezaban a participar más presos. Establecimos una tesorería. Elegimos a un coordinador de programación, un R.S.G. (representante de servicios generales) y un secretario. Seguimos creciendo. Algunos amigos de A.A. canadienses empezaron a visitar la prisión para ayudarnos en las reuniones.

Empezamos con 10 personas que se reunían una vez a la semana. Pasamos a ser 70 que se reunían dos veces a la semana. Iniciamos reuniones de Pasos y de las Tradiciones. Había muchos A.A. de afuera que nos ayudaban a conseguir literatura y que nos daban apoyo moral. Nuestros miembros sabían lo que era sentirse como parte integrante de algo. Quizás por primera vez en su vida. Y era un sentimiento bueno y hermoso.

El mes de febrero pasado, celebramos nuestro primer aniversario de grupo. Con una asistencia de unas 200 personas. Los hombres del grupo dedicaron mucho tiempo a los preparativos para el evento. Yo también cumplí mi primer año en A.A. ese día. Sentí algo que nunca había sentido antes. No lo puedo explicar. Sólo puedo decir que era eléctrico. Llevaba un año sobrio. Sinceramente podía decir que me gustaba lo que veía dentro de mí. Por primera vez en mi vida, estaba agradecido por estar vivo. Por tener la posibilidad de pensar y planear. Creía saber de lo que se trataba la vida. Creía tener la capacidad para amar y ser amado. No quiero olvidar nunca la alegría de esa reunión. Cuando las cosas se pongan tristes, podré avivar los recuerdos de aquel día. Puedo sacar nuevas fuerzas con sólo recordarlo.

Salí de la prisión el mes pasado. Ahora estoy integrado a un programa de trabajo-en-libertad, cerca de mis casa. Voy a mi trabajo cinco días a la semana. Por la noche asisto a reuniones de A.A. Los fines de semana voy a casa para quedarme con mis seres queridos. Puedo preocuparme hoy día por los que quiero. Me levanto por la mañana y doy gracias a mi Poder Superior. Tengo ahora una línea abierta de comunicaciones con Él. Puedo llamarle no sólo para pedir ayuda, sino también para expresar mi gratitud.

Me gusta la sobriedad. Me gusta ser una parte de A.A. Estoy agradecido por haber tenido otra oportunidad de probar A.A. Sé lo que significa estar agradecido. Siempre me consideraré como una parte de ese grupo de A.A. de esa prisión. Para enseñármelo, era necesario el compartimiento generoso de una pandilla de convictos. Y estoy agradecido por esto también. Espero volver allí algún día. Para compartir con otros que pueden ser menos afortunados. Me doy cuenta de que, para mantenerme sobrio, tengo que compartirlo. No me puedo imaginar una forma mejor de hacerlo que la de devolvérselo a los encarcelados en nuestras prisiones. Ellos desempeñaban una parte muy importante en mi vida.

Les doy gracias a A.A., a Dios y a todos los A.A. en nuestras prisiones.

—R.M., East Meadow, N.Y.

LA LIBERTAD

En el número de marzo [1959] del Grapevine aparece un artículo titulado "Una queja justa". Fue escrito por un recluso de la Prisión Estatal de Massachusetts. Se llama Raimundo. Nos hace la pregunta: ¿Por qué tener A.A. disponible en las instituciones correccionales? Nadie puede emborracharse allí.

Estoy de acuerdo con Raimundo en que los reclusos pueden conseguir alcohol detrás de los muros. Pero me pregunto si, desde el punto de vista del alcohólico, esto no es un peligro de menor importancia. Me parece que hay un peligro mucho más grave. La borrachera mental o emocional que se puede sufrir a toda hora en cualquier lugar. En cualquier caso, esa ha sido mi experiencia, y quisiera saber si hay otros del mismo parecer.

En 1953 y 1954, cumplía una sentencia de 16 meses en una pequeña prisión del oeste. No había programa de A.A. No había ningún programa de tratamiento de ningún tipo. Ni siquiera había suficientes trabajos para mantener ocupada a más del 25% de la población carcelaria. Decidí que lo tomaría con calma. Yo solucionaría todos mis problemas el mismo día en que fuera puesto en libertad. Y me puse a crear castillos en el aire.

No había nada que pudiera interferir en esos gratos ensueños que siempre giraban alrededor de mí. El resultado fue diecisiete meses de estancamiento. Diecisiete meses encarcelado sin un trago. Pero me emborrachaba diariamente con la bebida embriagadora de mis fantasías. Al ser puesto en libertad, las condiciones reales del mundo libre me causaron un shock. No se parecía nada a las bellas imágenes que solía crear en la prisión. Y no le importaba nada mi ego engreído. Volví a beber. Lo hacía sólo para suavizar lo más áspero de la realidad. Después de pasar unos escasos cuatro meses con mi esposa y mis dos hijos, me encontré de nuevo ante el juez. Otra vez por falsificación de documentos.

Pero ese juez sabía que bebía. Y sabía de A.A. A pesar de mis antecedentes, me puso en libertad vigilada. Pero me dijo que asistiera a reuniones. Lo hice durante un año. Me mantuve sobrio durante ese período. Debido principalmente, creo, a la camaradería que encontraba en el grupo de A.A. Los Doce Pasos no eran para mí. Creía que eran para los débiles.

Acabé emborrachándome una sola vez. Pero la borrachera duró seis meses. Durante las últimas semanas de esa loca carrera, hacía un recorrido por el norte del país. En un plan de "viajar ahora, pagarlo más tarde". El "pagarlo más tarde" me costó catorce meses en la Prisión de Wisconsin. Cuando llegué a la Prisión de Wisconsin, empecé a consultar con un psiquiatra. Empecé a darme cuenta de lo loca que había sido mi vida. Al mismo tiempo, nuestras reuniones de A.A. de los domingos por la tarde empezaban a cobrar algún nuevo sentido. La combinación de A.A. y psicoterapia estaba facilitando mi despertar a la realidad.

Pero no era fácil la recuperación. A cada paso la resistía. Siempre buscando razones para no cambiar. Pero, con el tiempo, llegué a enfrentarme a mí mismo. Y qué desastre fue lo que vi. De súbito me era difícil siquiera vivir conmigo. Vi lo malo que había sido. Lo mentiroso. Vi los sufrimientos que yo había causado. La acumulación constante de ese sentimiento de culpabilidad era lo que finalmente me derrotó. Una noche de soledad, desesperado, recurrí a Dios. Me sentía impotente, penitente. Quizás por primera vez en mi vida. Según recuerdo, no le pedí más que fortaleza, misericordia y perdón. Y aquella noche Dios hizo su gran milagro. Me concedió ese perdón. Y me hizo renacer con nuevas fuerzas que nunca sabía que existieran. Esa noche me acosté exhausto y caí en un sueño profundo.

Eso me sucedió hace quince meses. Desde entonces, no he pasado ni un día malo. Todavía estoy pagando las consecuencias del pasado. Estoy todavía encarcelado. Actualmente estoy haciendo un pago parcial en una cárcel municipal del sur de Minnesota. Y todavía no se ve el fin; aún hay otras acusaciones pendientes.

Pero se me ha quitado el dolor. He vuelto a ponerme en contacto con mi Poder Superior. Ha surgido de esa experiencia una nueva y rara tranquilidad que no me ha dejado nunca. Ha desaparecido ese dolor extraño que sentía en el pecho. Y también la inquietud y el descontento.

Puede que parezca absurdo sentirse en libertad dentro de la cárcel o de la prisión. Pero eso es precisamente cómo me siento. He conocido más libertad durante los pasados quince meses que en todos mis 32 años. Han desaparecido mis dudas. Doy consejos a mis compañeros reclusos y hago trabajos de servicio de A.A. Los veo mucho más como hermanos desde que salí de mi cáscara. Los encontré luchando con los mismos problemas que me habían dejado desesperado a mí.

Me contento con dejar mi libertad en manos de Dios. Este mero hecho constituye para mí un milagro. Hay gente que se da cuenta de mi transformación. Tengo nuevos amigos que están buscando remedios para que se abandonen las acusaciones pendientes. Mi sentencia aquí es bastante corta. Debería haber sido mucho más larga. Finalmente, por primera vez en más de un año, tuve noticias de mi esposa. Y, por un milagro de fe, ella y mis hijos me están esperando. Ya sé lo que sentía el Salmista cuando escribía: "Mi copa llena..." Habría sido, tal vez, una mejor historia de A.A., si no hubiera tenido necesidad de la ayuda de tanta gente ajena a A.A. No obstante, la psicoterapia, el asesoramiento espiritual y el ánimo que me han dado muchas personas muy apreciadas de la Prisión Estatal de Wisconsin me han ayudado a cambiar. Todos desempeñaron un papel en la transición de borracho a sobrio.

Por medio de la terapia, descubrí muchas nuevas verdades. Empecé a hacer mi inventario. Me encontré felizmente como principiante en el programa de A.A. Me uní a nuestro grupo carcelario de A.A. con la esperanza de causarle una buena impresión a la junta de libertad condicional. Ya no me puedo engañar más. Por eso el ansia de causar buena impresión a otra gente se va desvaneciendo.

Siempre hay peligro de una borrachera emocional, pero ahora las veo tales como son: son el preludio de una auténtica borrachera. Me queda una sola herramienta que me puede proteger contra la una y la otra — Alcohólicos Anónimos. Y me uno a Raimundo, y a otros miles como nosotros, que reconocen con gratitud la gran importancia de A.A. en prisión.

Me esfuerzo por difundir las buenas nuevas acerca de A.A. aquí en la cárcel municipal. Se ha promulgado una orden judicial que me permite asistir a una sesión intergrupal. Tendrá lugar en esta ciudad. Voy a hablar ante ese grupo. Y si algo se oirá contar, será la historia de cómo la mano quieta de Dios intervino en mi vida. Y cómo Le entregué mi vida cuando Su verdad me liberó. Esto es Dios — como yo Lo concibo.

—Merv K., New Ulm, Minnesota

LAS NIÑAS JUDÍAS BUENAS NO VAN A LA CÁRCEL

Me crié en un hogar típico americano. Mi mamá era la que cuidaba de la casa y los hijos. Mi papá iba a trabajar. Celebrábamos todas las fiestas judías. No recuerdo que el alcohol fuera un problema en nuestras fiestas familiares. Pero recuerdo que mi padre bebía mucho. Guardaba sus botellas de licor en un estante encima del teléfono de la cocina. Eso era territorio prohibido para nosotros.

Me emborraché por primera vez en la boda de mi hermano. Tenía 14 años. La boda se celebró en un club de campo judío elegante de Houston. Vomité en mi vestido. Mi mamá no estaba muy contenta conmigo. Me mandó a casa.

Cuando cumplí los 15 años, conocí a mi primer amor. Mis padres nos dejaban beber en nuestra casa. Nos parecía que eso era increíble.

A los 17 años, si eras una buena chica judía, viajabas a Israel. Cuando estaba allí, me enteré de que mi padre había abandonado a mi madre. (Se fue el día que me llevó al aeropuerto.) Mi primo iba conmigo en el viaje. Me consoló mientras yo lloraba. Esa noche me sacó a pasear. Bebimos vodka con jugo de naranja.

Cuando volví a Texas, mi vida había cambiado. Mis padres se habían divorciado. Mi novio iba a entrar en un programa preparatorio para estudiar medicina. Sus padres le dijeron que estaría mejor sin mí. Él estuvo de acuerdo. Tres meses más tarde, mi primo se pegó un tiro en la cabeza. Me costó mucho tiempo superar su muerte.

Entonces comencé en la universidad. No saqué buenas calificaciones, así que mi padre me mandó ir a trabajar. Fui a trabajar a un centro de salud de Houston. Empecé a tomar pastillas adelgazantes. Y también empecé a escribir mis propias recetas de medicamentos. No me pillaron — esa vez.

Cuando tenía 26 años conocí al hombre de mis sueños: un repartidor de paquetes. Resultó que repartía algo más que paquetes. Era un antiguo drogadicto. Ahora era un bebedor activo. Me inició en los "martinis". Creía que había muerto y había ido al paraíso. Me aficioné inmediatamente. Desde ese momento, estábamos unidos por el vodka y el amor nebuloso.

Pasamos juntos nuestro primer Cuatro de Julio, fiesta de la independencia. Lo arrestaron por estar borracho en público. A mí me enviaron a casa. Pagué la fianza para sacarlo de la cárcel. Le dije que no quería volver a verlo nunca. Al poco junto empezamos a vivir juntos. Su hija de dos años vino a vivir con nosotros. Yo hacía el papel de mamá.

Nos casamos en la sinagoga en la que yo me había criado. Tenía una mala resaca. Pasamos nuestra luna de miel en Napa Valley, un valle de California donde se hace vino. Fue todo un festival de beber. Se podría usar el video del viaje en una clase de manejar borracho: se puede ver el progreso del alcoholismo.

Los años siguientes fueron muy duros. Crucé esa línea invisible en mi forma de beber. También me quedé embarazada. No quería beber mientras estaba embarazada, pero era muy difícil. Así que, bebí. Sabía que no era bueno pero no podía dejarlo. No tenía ni idea de que era alcohólica. ¿Por qué iba a saberlo? Me bebía un galón de leche todos los días. Ayudaba a contrarrestar el alcohol. (Más tarde, leí en el Libro Grande la historia del hombre que bebía whisky y lo pasaba con leche. Exactamente igual que yo.)

En el Internet, leí acerca del daño que el alcohol puede hacer al bebé mientras está en el útero. Leí tanto sobre el tema que casi era una experta. Pero seguía bebiendo cuando volvía a casa del trabajo. La enfermedad me tenía controlada. Incluso bebí la mañana que nació mi hijo. Lennie nació cuatro semanas prematuro. Sufría de debilidad en los pulmones. Pasamos las cuatro semanas siguientes en el hospital en la sala de bebés enfermos. Mi marido me dijo: "Si tiene algún problema grave, no te perdonaré nunca." Me sentía llena de culpa. No podía soportarlo. Tenía que beber. Tenía que mitigar el dolor de mi corazón.
Tuve que volver a casa del hospital sin mi bebé. Me sentía devastada. Me sentaba al lado de la cuna vacía todas las noches y lloraba. No había establecido un vínculo afectivo con mi hijo. Temía haberle hecho un daño irreparable para el resto de su vida. Entonces el médico me dijo que Lennie estaba bien. Había estado enfermo por haber nacido prematuro. Pero a mí me costaba mucho aceptar eso. Mi terapeuta me rogó que le dijera al médico que tenía problemas con la bebida. Pero no pude hacerlo. Estaba demasiado atemorizada.

Finalmente llevé mi bebé a mi casa. Ese día lloré tanto de alegría que apenas si podía ver. Juré no volver a beber y di gracias a Dios. Pero eso no me mantuvo sobria.

Un día, mientras estaba duchándome, pasó algo que realmente me asustó. El bebé salió corriendo por la puerta de la casa. Dio una vuelta por todo el bloque corriendo él solo. Lo encontré en brazos de una mujer en la estación de servicio. Me sentía asustada y avergonzada. También tenía resaca.

Cuando llegué a casa, llamé a mi cuñada y le conté lo que había pasado. Dos horas después, ella y mi hermano llegaron a mi casa. Me llevaron al hospital para obtener ayuda con mi forma de beber.

Cuando llegamos allí, mi cuñada les dijo a los médicos lo

que había pasado. En cinco minutos llegaron los del Servicio de Protección de Menores. Le rogué a mi hermano que me llevara a casa. Al irme, juré no volver a beber nunca. Al día siguiente mi marido me dijo que ya no aguantaba más. Me pidió que ingresara en otro hospital. Si no lo hacía, se divorciaría de mí. Ingresé a un hospital pero antes de cuatro horas me fui.

Mi madre vivía al otro lado del bayou. Sufría de trastornos nerviosos. Bebía y vagaba por las calles por las noches. La ingresaron en el pabellón psiquiátrico. Era el mismo en que yo había estado. Entonces le dije a mi hermano que necesitaba ayuda. Le dije que estaba perdiendo el control. Estaba intentando mantener la calma. Estaba tratando de cuidar de mi madre, del bebé, y de la niña. Todo esto mientras seguía bebiendo.

Todavía tenía mi trabajo. Se celebró en la oficina el día "llevar a tu hija al trabajo". Así que llevé a mi hija al trabajo. Pero yo estaba borracha. Al día siguiente ingresé en un centro (Spring Shadows Glen) para un tratamiento de 28 días. Me dijeron que era alcohólica. Les dije, "no hasta que me beba el spray para el cabello." En ese momento supe que algo andaba muy mal conmigo.

Después de 28 días, volví a casa. Luego fui de vacaciones y volví a beber. No podía estar sobria. Me sentía confundida y deprimida. Empecé a beber spray para el cabello todos los días. Me puse enferma de muerte. Mi marido me llevó a un centro para mujeres. Pero me escapé al día siguiente. Estaba perdiendo la cabeza. Estaba derrotada y vencida por el alcohol. Pero eso no me detuvo. Volví a beber.

Entonces apareció mi ángel de A.A. Me hizo una visita de Paso Doce. Ella y otra mujer miembro de A.A. me llevaron a un centro de mujeres de Pasadena. Este sitio era para enfermos realmente desahuciados. Estaba lleno de mujeres venidas directamente de la calle. Perdí toda esperanza. Esa es la única manera que puedo describirlo. Le decía a mi marido:

"voy a morir aquí." Eso es lo que realmente sentía. Pero todo el mundo le decía: "déjala allí."
Finalmente volví a mi casa. Me sentía aturdida. Mi marido y yo fuimos a una reunión de A.A. esa noche. Conseguí una madrina. Al día siguiente, en mi jardín, sentí que el Espíritu me invadía. Caí de rodillas. Pedí ayuda. Estaba realmente harta y cansada de estar harta y cansada.
Comencé a lograr la sobriedad. Había perdido peso después de tener el bebé, pero empecé a recuperarlo. Así que me puse a tomar pastillas para adelgazar y a falsificar recetas médicas.
Entonces un día sucedió: me arrestaron. Afortunadamente mi hijo no estaba conmigo. Me llevaron a la cárcel. Estaba deprimida y asustada. Las niñas judías buenas no van a la cárcel. Mi marido llegó allí a la medianoche con nuestra hija. Me sacó de la cárcel.
Me vi enfrentada a una condena por delito grave. Me sentía totalmente aterrada. Volví a beber. Fui a la vista preliminar de mi caso. Y estaba borracha. El juez no estaba allí y me enviaron a casa. Intenté desintoxicarme a mí misma pero lo pasé muy mal. Estaba temblorosa y vomitaba. Otra vez se presentó mi ángel de A.A. Le dijo a mi marido que me comprara una botella pequeña de whisky. Y luego me llevó al hospital para que me desintoxicaran.
Cuando llegamos allí, me di cuenta finalmente de lo que me estaba pasando. Le dije a Dios: "Ahora lo dejo todo en tus manos." Pero cinco días más tarde, mi hijo tuvo un ataque de asma. Necesitaba atención médica. Me fui del centro de desintoxicación. Era antes de la fecha de comparecer ante el juez. Creía que no habría problemas: estaba bajo cuidado médico.
Pero sí hubo problemas. Mi abogado me dijo que el juez ordenaría que me arrestaran. Tenía que ingresar otra vez para un tratamiento de 28 días. Pero el seguro ya no me lo cubría. Me entró el pánico. Le rogué a mi marido que pagara

el tratamiento con su tarjeta de crédito. No le gustó la idea. Pero ese jueves ingresé a un centro de tratamiento. Desgraciadamente el papeleo y la orden de arresto se cruzaron. Me arrestaron al día siguiente. Mi abogado me prometió que me sacaría de la cárcel esa misma noche. Acabé pasando una semana en la cárcel del condado. Pero estaba sobria. Me dije a mí misma que ese era el fin de mi antigua vida. Recé y fui a dos reuniones de A.A. Por fin sabía lo que tenía que hacer: mantenerme sobria.

Cuando salí en libertad, mi hermano me volvió a llevar al centro de tratamiento. Pero al día siguiente mi marido me presentó una demanda de divorcio. Me quedé destrozada. Pero sabía que tenía que parar las mentiras y la locura. Volví al trabajo pero me "dejaron ir."

Me había quedado sin trabajo. Me iba a mudar otra vez. Y me iba a divorciar. Pero estaba sobria.

El juez estaba satisfecho con mi tratamiento. El tribunal me sentenció a dos años de libertad condicional y a un día de prisión. Me llevaron a una prisión de Dayton, Texas. Me pusieron en el programa de asustar para reformar. Me asustó totalmente. Pero no bebí. Dios me había quitado la obsesión. Estaba siguiendo las sugerencias de mi madrina y las de todos los que me rodeaban.

Mi grupo base se convirtió en mi refugio seguro. Pude volver a trabajar como secretaria de la escuela de la sinagoga. Allí había recibido la bendición cuando era una niña pequeña. Había recibido los honores como adolescente que se convierte en persona adulta. Me había casado allí. Creo que Dios me quería donde pudiera vigilarme de cerca.

Aquí y en las salas de A.A. he empezado a poner mi vida en orden. Todo ha cambiado tanto que a veces me pregunto "¿qué ha pasado?" Ahora que estamos divorciados, mi ex-marido y yo somos grandes amigos. Vivimos nuestra vida y cuidamos de nuestros hijos. Me he mudado a otro apartamento. Es pequeño pero perfecto para mí.

Voy a ver a la oficial encargada de mi libertad condicional una vez al mes. Ella aún me hace recordar los problemas que causó mi alcoholismo. Lo bueno es que casi no me produce ningún estrés. Estoy sobria. Asisto por lo menos a cuatro o cinco reuniones a la semana. Nunca me he sentido tan feliz.

Mis reuniones y el trabajo de los Pasos son mis prioridades — incluso antes que mi hijo. Dos veces al mes llevo una reunión a un centro para mujeres. Me hace volver a donde solía estar.

Tengo una madrina. Ha estado conmigo todo el tiempo que estoy sobria. Me hizo muchas visitas de Paso Doce. Sin su ayuda, no estaría hoy aquí.

También conocí a un caballero con 17 años de sobriedad. Me enseñó a usar los Pasos en la vida diaria. Es un miembro de A.A. dedicado y agradecido. Me ha enseñado a vivir la realidad. He aprendido a considerar las cosas por lo que realmente son, no por lo que yo quiero que sean.

Utilizo el Tercer Paso todos los días de mi vida. Puedo poner mi voluntad y mi vida en manos de Dios. Eso me quita mucho estrés. Ahora no depende de mí. Mi sobriedad es un regalo de Dios.

—Sherri B., Houston, Texas

DESDE DENTRO HACIA FUERA

Me sentenciaron a 100 años en una prisión de máxima seguridad. Estaba desesperado. No tenía futuro. Estaba resignado a pasar año tras año viendo la vida transcurrir delante de mí sin vivirla. Debía de haber tenido una carrera, un lugar en la sociedad. Pero mis temores, mis resentimientos y mis errores siempre me arruinaron.

Traté de llenar el hueco en mi alma. Usé muchas cosas, incluyendo el alcohol. Me condujeron al crimen y a la cárcel. Para mí no había otra salida. No había ninguna razón para intentar hacer algo. Por lo menos eso era lo que creía. Entonces fui introducido a Alcohólicos Anónimos en prisión. Y mi vida empezó a cambiar desde dentro hacia fuera.

Inmediatamente sentí el espíritu de alegría y camaradería en las reuniones de A.A. Para mí las reuniones eran un refugio de la soledad de la prisión. Me sentía mejor en las reuniones. Eso me hacía volver. Empecé a sentir afecto por los padrinos de afuera que nos traían las reuniones. Creía las cosas que oía. Quería lo que los miembros tenían, así que acepté las sugerencias. Empecé a asumir responsabilidades dentro del grupo. Los voluntarios me daban orientación. Y aprendí el valor del servicio.

Trabajaba con Jim, un voluntario de A.A. que más tarde fue mi padrino. Él había participado afuera en una mesa de trabajo de Paso Doce. Quería introducir esa mesa de trabajo en nuestra prisión. Debido al historial de A.A. —y con alguna ayuda de nuestro Poder Superior— nos dieron permiso para celebrar la mesa de trabajo. Fue la primera de ese tipo en una prisión. El jefe de la prisión incluso nos dejó utilizar varias salas. De esta forma, cada interno pudo hacer en privado un Quinto Paso con un padrino de afuera.

Diecisiete presos empezaron la mesa de trabajo. Cinco completaron todos los Doce Pasos. Luego empezaron a apadrinar a otros internos. Efectuamos otras tres mesas de trabajo en los tres años siguientes. Demostraron que el programa de recuperación de A.A. puede funcionar en cualquier parte.

En nuestro segundo año, mi padrino fue a la Convención de A.A. del Estado de Maryland. Cuando volvió, me dijo: "Quiero traer una convención a la prisión. Creo que ayudará al alcohólico en recuperación."

¿Celebrar una convención en una prisión de máxima seguridad? Al principio parecía algo imposible de lograr. Se tardó tres años en planificarlo. Hubo muchas conversaciones con los supervisores de la prisión. Pero hicimos un programa de la convención. Se ajustaba a las normas de seguridad. Se ajustaba al programa diario de actividades de la prisión. Finalmente nos concedieron permiso para celebrar una Convención de A.A. en Prisión. Pero surgieron problemas. Se fijó la fecha cuatro veces durante el año. Por diferentes razones, el director de la prisión canceló cada fecha.

Los líderes del proyecto —internos y personas de afuera— se sentían frustrados. Estaban a punto de abandonar el plan. Pero entonces, en nuestro quinto intento, el director de la prisión aprobó la fecha. Fue fijada para el viernes y sábado,

17 y 18 de agosto de 2001. Teníamos oradores de A.A. locales y regionales. También hablarían tres internos. Y trajimos a un orador de California. Efectuamos cuatro mesas de trabajo: el apadrinamiento, los Doce Pasos, la experiencia espiritual y la aceptación. Hubo un servicio de comidas preparadas. Participaron casi 50 presos, hombres y mujeres, y más de 35 invitados de afuera. Incluso celebramos una cuenta atrás de sobriedad, desde 17 años de sobriedad hasta seis horas.

Puede que esa convención de prisión fuera pequeña, pero la esperanza y la fuerza espiritual que había allí podía competir con cualquier reunión. De cualquier tamaño. Tuvo que ser uno de los momentos más destacados de mi vida en la prisión. Fue un auténtico don del programa.

Pocos meses después del evento, empezamos una nueva mesa de trabajo de Doce Pasos. Participaron más internos que nunca. Muchos asistieron como resultado de la convención de la prisión.

Seguí ayudando a otros en el programa de A.A. Luego se me presentó una oportunidad de salir en libertad. Había pasado casi 11 años en prisión. Había vivido una vida mucho mejor que la que jamás hubiera conocido antes. Había tratado de vivir un día a la vez. Había tratado de vivir de acuerdo a unos principios espirituales. Había estado unido a la Comunidad de A.A. Había confiado en Dios y en mi padrino. Me habían ayudado a pasar mi tiempo en prisión.

Y ahora se me había dado otra oportunidad de vivir en libertad. Recuerdo oír a un orador de A.A. decir: "Cuando Dios tiene para ti un trabajo que hacer, los muros se derrumban." Mi padrino solía decir: "Cuando el sistema te cierra la puerta en tu cara, Dios abre una ventana." Me habían denegado la libertad condicional nueve veces. Había aprendido a aceptar la voluntad de Dios y había conocido la paz, incluso en la prisión.

Salí en libertad el Viernes Santo de 2002. Mi padrino me estaba esperando en el estacionamiento de la prisión. Ya habíamos hablado antes y habíamos llegado a un acuerdo: Tenía que meterme de lleno en el programa tan pronto como pusiera los pies en la calle. Salí de la prisión y 20 minutos más tarde tuve mi primera experiencia social en dos clubs de A.A. del área, el Club Alano y el Centro de Seguridad.

    Mi padrino me llevó a la casa de recuperación donde vivo ahora. Aquella tarde fui al Grupo ABC. Fue mi primera reunión de A.A. como hombre libre. Dos días después, celebré el Domingo de Resurrección en casa de mi padrino con su familia. No había nadie más feliz o más agradecido en todo Maryland. Mi padrino y yo hablamos acerca de nuestro desarrollo en el programa, y de la manera en que los Pasos pueden cambiar la vida. De cómo Dios da otra oportunidad a la gente desesperada, para que podamos vivir una vida que antes no podíamos soñar.

    Entonces ya tenía casi diez años de sobriedad. Pero mi padrino me sugirió que me comportara como un principiante. Me dijo que yo era una persona nueva en la sociedad. Confié en él y en A.A. y seguí sus sugerencias. Asistí a 120 reuniones en 90 días. Me uní al grupo base de mi padrino. Ocupé un puesto de servicio en el Intergrupo local. Trataba de ayudar a otros diariamente.

    Durante este tiempo, he asistido a cuatro convenciones de A.A. y un retiro espiritual. Mi padrino y yo hablamos de lo maravilloso que esto era: Vivir tu sueño de manera espiritual. Ser una fuente de amor y bondad en el mundo, y transmitir este programa al recién llegado. Mis dos años en A.A. me han enseñado esto: el apadrinamiento, los Pasos y el servicio son las cosas esenciales que me mantienen sobrio. Espero que algún día pueda llevar de vuelta a una prisión estas lecciones de amor y servicio y así dar lo que se me ha transmitido.

—J.K., Baltimore

EN EL SUELO DE LA CÁRCEL

La vida da muchas vueltas. Nunca sabes adónde te va a llevar. Mi viaje empezó el Primer Día de mi sobriedad. Acababa de salir de la cárcel del condado de Los Ángeles. Fui caminando desde la casa de mis padres hacia una vida nueva.

Cuando volví a Alcohólicos Anónimos estaba arruinado. Ni mi familia, ni mis amigos, ni mis enemigos podían confiar en mí. Mi madre me había dicho: "La única persona que te ama es tu mamá. Y puede ser que ella te esté mintiendo." Ella ya estaba vieja y cansada. No quería más violencia en su casa. Mi padre había dicho: "Si vuelves a poner los pies en mi propiedad, voy a matar a mi hijo mayor." Estaba hablando de mí.

Me habían dado de alta del hospital estatal Camarillo. Era la segunda vez. Al día siguiente, llegué borracho a casa de mis padres. En una laguna mental, golpeé a mi padre. Lastimé al único amigo que tenía en este mundo. Él había esperado en largas colas en las cárceles del condado para verme. Había hecho largos viajes en autobús para ir al hospital del estado, sólo para que su hijo mayor tuviera dinero para cigarrillos.

Mi familia pidió que me arrestaran. Cuando salí de la

cárcel al día siguiente, volví a su casa. Estaba más borracho y más loco que el día anterior. Vi a mi tía cruzando la calle. El vino me dijo que fuera a por ella. La perseguí hasta su casa. Pero ella no iba huyendo de su sobrino. Iba corriendo a coger su pistola .38 de culata de nácar. La guardaba en su dormitorio. La vi salir con esa pistola. Yo sabía que ella apretaría el gatillo. Me fui corriendo a la parte de atrás de su casa, salté una cerca y seguí corriendo por el callejón. Encontré un contenedor grande de basura y me escondí adentro mucho tiempo.

    Mi familia hizo que me arrestaran otra vez. Me senté en el frío suelo de la cárcel. Y allí tuve mi primer despertar espiritual. Pensé en toda le gente que había tratado de ayudarme. Habían intentado que yo dejara el alcohol. Vi cómo había despreciado orgullosamente sus sugerencias. Por primera vez me di cuenta de esto: Si me iba a recuperar, tendría que esforzarme por hacerlo.

    Pasé mi condena de un día en la cárcel del condado. Quería haber vuelto a Alcohólicos Anónimos. Pero cometí un error: me dormí al lado de la taza del retrete. Todos los que estaban en esa celda "se lo hicieron" en mí. Al día siguiente por la mañana en la sala del juzgado, tenía un aspecto desastroso.

    Cuando me dejaron salir de la cárcel, forcé la puerta de la casa de mis padres. Me iba a llevar la ropa de mi hermano y mi madre me sorprendió. Le dije malas cosas. Me di la vuelta para irme. Entonces oí decir a mi madre: "Quiero que sepas, hijo mío, que tu mamá te ama. Pero eres un alcohólico. No hay nada que tu mamá pueda hacer para arreglarlo."

    No tenía a dónde ir esa noche. Tenía un día de sobriedad. Entonces me acordé del único sitio que me acogería con agrado. Fui caminando a la reunión del grupo de principiantes del viernes por la noche de la calle South Figueroa.

    Dios puso esa noche en mi vida a un miembro sobrio

de Alcohólicos Anónimos. Este miembro de A.A. estaba luchando por mantener su sobriedad. Pero estaba practicando el Paso Doce. Sabía que el trabajo con otro alcohólico también le ayudaría a él. Le oí contar su experiencia, fortaleza y esperanza. Estaba triste y lastimado: No podía ver a sus dos hijas. Después de la reunión, le dejé que me llevara a mi casa. Pero yo era demasiado orgulloso para contarle la verdad. No tenía un sitio a dónde ir, ningún sitio donde reclinar mi cabeza aquella noche. Le dije que me dejara en la próxima esquina, que yo iría andando hasta mi casa el resto del camino.

Los únicos hogares que yo conocía eran los viejos autos estacionados, las puertas de las casas, y los espacios debajo de las casas. Cabizbajo, me puse a caminar. Caminé hacia el barrio de los borrachos. Dormiría en un cine que estaba abierto toda la noche. Mi Dios me habló susurrando en voz muy baja. Me dijo: "Si vuelves a ese barrio, vas a morir. Esta vez no saldrás de allí."

Di la vuelta y me fui caminando a la casa de mi padre. Llamé a la puerta. Pedí a mi padre que por favor me ayudara. Ayúdame una vez más. Esta vez creía que podía dejar de beber. ¿Tengo yo la misma clase de amor por mis hijos que mi padre tenía conmigo? ¿El mismo perdón? No sé. Sólo puedo esperar tenerlo. Espero que este programa de acción espiritual me lleve allí.

He tenido más despertares espirituales desde mi primer día de sobriedad. Al recordar, hay uno que se destaca. Fue un punto de cambio en mi sobriedad. Me tocó compartir en el grupo de principiantes del viernes por la noche. Era la primera vez que hablaba y terminé mi compartimiento diciendo: "Un día mi barco va a entrar en el puerto. Y todo va a estar bien. Sigue viniendo, principiante. El programa funciona."

Creía que había dicho algo realmente sabio. Entonces el coordinador del grupo llamó a hablar a una mujer. Ella ya llevaba mucho tiempo sobria. Habló desde su corazón con amor y compasión. Dijo: "Si tu barco está amarrado en el puerto, la vida lo puede destrozar contra las rocas. Tal vez debas poner tu barco en manos de Dios. Porque la fe sin obras es fe muerta." Durante los pasados 29 años he depositado mi fe en Dios. Me he esforzado por hacer la voluntad de Dios. Atribuyo a Dios el mérito por todo mi trabajo. Sin mi Dios, no soy nada. Llegué a Alcohólicos Anónimos verdaderamente desesperado. Ahora soy el primer miembro de mi familia que ha conseguido un título de Master. Mi terapeuta dijo que yo era un borracho que nunca podría vivir en sociedad. Dijo que sólo podría vivir en una casa de vigilancia y asistencia, o en una institución mental y únicamente bajo medicación. Pero hoy día soy un ser humano libre. He puesto mi vida en las manos de un Poder — un Poder muy superior a mí mismo.

Me gustaría dar las gracias a los miembros de Alcohólicos Anónimos. Han sido la luz que iluminaba mi camino. Que la paz, el amor y la esperanza esté con todos ustedes. Cada día de sus vidas.

—Jerome R.S., Corona, California

LOS MILAGROS OCURREN

Soy hija de militares. Nos mudábamos de casa cada dos años. Así que estoy familiarizada con las "curas geográficas." Tenía que cambiar de amigos. Tenía que hacer nuevos amigos. Siempre estaba tratando de encajar.

Cuando tenía 12 años, me juntaba con un grupo de muchachos de 16 años. Me introdujeron a una vida totalmente nueva — una vida de alcohol y drogas. Al principio era sólo para divertirme. Luego empecé a beber mientras esperaba al autobús para ir a la escuela. No pasó mucho tiempo. Esa obsesión mental capturó mi mente y mi espíritu. Me quitó mis opciones. Me llevó por un camino muy oscuro. Experimenté lagunas mentales y vómitos. Tuve malas relaciones. Me quedé embarazada a los 16 años. Y después me vinieron pensamientos de suicidio.

Me encantaría decirles que después de quedarme embarazada dejé de beber. Pero no podía dejarlo. No me siento orgullosa de eso. Pero es la fría y dura verdad.

Me casé y me divorcié. Tuve otras relaciones. Vivía la vida intensamente. Me sentía muy orgullosa de mí misma. Nunca

había tenido problemas con la ley. Muchos de mis amigos habían estado en la cárcel o centros de tratamiento. Me habían dicho muchas veces: "No puedes controlar tu forma de beber." Pero no creía tener un problema.
Entonces me arrestaron. Sentí mucha culpa, vergüenza y arrepentimiento. Mi hermana me llamó. Discutimos. Nos dijimos cosas hirientes, cosas terribles. Le dije que no volvería a hablar con ella. Los cinco años siguientes nos mantuvimos alejadas. Vivíamos en el mismo pueblo pero no nos hablábamos. El resentimiento era como un fuego que me quemaba el alma.

Vivía en constante temor de la policía, de los abogados, de los amigos, de la inseguridad económica, de todo. ¿Cómo podía pasarle esto a una buena mujer joven como yo? Me negaba a reconocer la realidad: era culpable de todos los cargos.

Mientras estaba en la cárcel, asistí a mi primera reunión de A.A. Leyeron los Pasos y las Tradiciones. Pero no tenían nada que ver conmigo. Por lo que a mí respecta, podrían haber estado escritos en cualquier otro idioma. Un hombre ciego contó su historia. Habló de su alcoholismo, de cómo los taxistas le ayudaban a conseguir alcohol. Ahora vive sin alcohol.

Los jueves nos montaban en una furgoneta blanca. Nos llevaban a un centro de tratamiento para una reunión de Doce Pasos. Algunos amigos míos habían ido allí. Habló un hombre y dijo que había sido adicto al jarabe para la tos. Pensé, "si yo llegara a estar tan mal, también lo dejaría."

Nadie me dijo que debería ir a las reuniones de A.A. cuando saliera en libertad. Así que no fui. Los 12 años siguientes fueron cada vez peor para mí. Llegué a entender lo que es la locura.

El agujero que había en mi alma se agrandó. Lo había sentido casi toda mi vida. Lo sentí durante todos los años que bebía. Finalmente tuve un momento de claridad. Me enfrenté a nuevos temores. Dije en voz alta, "¿Crees que necesito ayuda?"

Sentía todo tipo de temores: Temor al cambio. Temor a lo desconocido. Temor al fracaso. Pero ninguno de estos temores era tan grande como éste: seguir viviendo en el infierno. Mi infierno se componía de retorcimientos mentales y de la obsesión por el alcohol. Me sentía fuera de control y despreciable.

Pedí ayuda a Dios. Fui a una reunión de A.A. Estaba atemorizada, llorando y temblando. Después de varias semanas, oí a otra alcohólica decirlo: Habló del agujero en su alma por donde sopla el viento frío. Pero ahora está lleno de la imagen de Dios. Yo podía entender eso. Esa era una idea a la que me podía agarrar. Hoy día tengo una vida plena. Es así porque he dado los Doce Pasos. Y he tratado de vivir de acuerdo a principios espirituales.

Mientras estaba en prisión, mis padres y mi hijo me visitaban. Vivían a 100 millas de distancia. Mi mamá no es alcohólica pero fue a una reunión de A.A. conmigo. Aún lo recuerdo con mucho cariño. Era como si Dios lo hubiera planeado todo. Había dos asientos al frente de la sala y ella y yo nos sentamos allí. Las mujeres empezaron a hablar del tema de las madres. Algunas eran madres. Algunas tenían madres que bebían o tomaban drogas. Todas compartieron sus experiencias.

Habló la segunda mujer. Luego mi mamá se puso de pie. Quería saber quién había hablado. Entonces fue y abrazó a la mujer. Todas empezamos a llorar. Fue una reunión muy conmovedora y espiritual. No le pedí permiso a mi mamá. De repente dije: "Hoy cada una de nosotras tiene una mamá." Y ella abrazó a todas según iban saliendo de la sala. Todas teníamos los ojos llenos de lágrimas.

Hoy día la vida es muy diferente. He pasado de la desesperación a la esperanza. He estado llevando una reunión a la cárcel los pasados tres años y medio. Empezamos en una pequeña habitación no más grande que un armario. Nos sentábamos en el suelo en nuestro Libro Grande. Ahora, ayudamos a establecer las normas para la nueva cárcel. Dios nos ha bendecido. Hay grupos que contribuyen con fondos para que compremos nuestros ejemplares del Libro Grande. Uno era un grupo de mujeres: Cada miembro firmó en un libro para que el lector recibiera amor y oraciones. Además, se hizo una colecta en una lata de café en nuestro club. La lata tenía una etiqueta que decía, "Dólares para Libros Grandes."

Una mujer que había sido mi ahijada asistió a algunas de nuestras reuniones en la cárcel. Un día dejó de venir. Solía decir: "Sé lo que tengo que hacer. Cuando salga en libertad. Tengo que llamar e ir a A.A." La mano de Dios aún estaba allí. Cuando salió, alguien se ofreció para llevarla en auto. Pero ella decidió ir en el auto de otra mujer que había salido ese mismo día. Bebieron y se drogaron. Ocho horas más tarde se mató en un accidente de automóvil. Yo no quería que su muerte fuera en vano. Pedí a las mujeres que escribieran algo en su honor. El artículo se tituló "Así que tú crees que eres diferente." Se publicó en el boletín de nuestra prisión, Barrotes y celdas.

Sabía que quería trabajar en correccionales, así que empecé a participar en nuestro Comité de Instituciones Correccionales del estado. Llegué a ser tesorera. Un compañero del programa nos regaló una computadora. Luego nos ofrecieron ejemplares de la Tercera Edición del Libro Grande a un precio reducido. Fue asombroso.

El milagro de la sobriedad sucede a miles de borrachos en recuperación como yo. Compartimos nuestra experiencia unos con otros y con los presos. Tengo el privilegio de mantener correspondencia con una mujer que asistía a nuestras reuniones. Tiene 25 años y está cumpliendo una condena a cadena perpetua. Hablamos de milagros, oraciones y Dios. Hablé de romper mi anonimato con mi empleador. De esa forma pude cambiar turnos y así puedo asistir a los eventos de correccionales. Nuestro comité rebosa de amor, de risas, y de compartir el regalo de la recuperación. Es curioso: Antes solíamos huir de la ley y de las cárceles, y ahora estamos deseando ir allí. Hoy día algunos miembros del comité visten uniformes a rayas en los eventos de A.A. Sirve para ayudar a la gente a darse cuenta de que necesitamos fondos para literatura.

Estos son otros de los milagros: Existe el amor de A.A. y la gente que Dios pone en tu vida. Un amigo me está ayudando a recuperar mi derecho a votar. Cuando era joven no me importaba. Cuando me quitaron mi derecho a votar, tampoco me importó. Pero hoy soy miembro de la sociedad. Quiero estar presente y que se cuente conmigo. ¿Recuerdan a esa hermana con quien no me hablaba? Me llamó hace algunos años. Me dijo que necesitaba ayuda. Hoy está tratando de seguir esta forma de vida, un día a la vez. Y nos amamos.

No me podría haber imaginado todos estos milagros. Dios me los ha dado a mí, y a tantos otros en recuperación. Pude visitar a mi hijo en Anchorage, Alaska. Fui con él a una reunión de A.A. Mis nietos nunca me han visto borracha y, si Dios quiere, nunca me verán.

Creo tanto en los milagros que he puesto en las placas de mi auto, "LOS MILAGROS OCURREN." Otra dice "UN MILAGRO." Me encanta asistir a las reuniones con las mujeres que oyeron el mensaje dentro de los muros. Ahora están en A.A., no alrededor de A.A. Si estos milagros me pueden ocurrir a mí, también te pueden ocurrir a ti. ¡Que ocurran los milagros!

—Mandy S., Nashville, TN

SALVADA DE SÍ MISMA

"Estoy destrozada." Decía yo estas palabras gimiendo calladamente. Estaba agarrada a los barrotes de mi celda, tan débil que apenas si podía llorar. Me llegó una voz desde el otro lado: "Eso es bueno; es exactamente donde tienes que encontrarte." Me sentí abrumada. Traté de comprender esa simple verdad. Pero mi mente estaba todavía nublada debido a mi última borrachera. Las palabras cariñosas del capellán me llegaban directamente al corazón. Me explicó que primero tenía que rendirme. Luego me ofreció palabras de esperanza. Me dijo: "Tu humillación se puede cambiar por humildad." Dijo que la humildad es "el ingrediente básico de cualquier receta de recuperación."

Estaba confusa. Cuando tenía 13 años, tuve que aguantar las palizas de mi padre. Me quebrantaron el espíritu. Él las llamaba "azotainas". Después de eso hice una promesa solemne: nunca dejaría que nadie me "quebrantara". Nadie me obligaría por fuerza a someterme. Pero, después de 35 años ¿cómo me encontraba en esta situación? ¿Por qué me sentía tan quebrantada? ¿Por qué el sentimiento de rendición parecía tan agradable? ¿Someterme a algo que calmara mi dolor? ¿Y mi promesa? Estas preguntas eran astutas, desconcertantes y poderosas. Exactamente igual que mi enfermedad.

Había una cosa que era cierta: Estaba preparada para estar "dispuesta a estar dispuesta". Quería ser sincera. Pensé en mis 20 años de pasar el tiempo en Alcohólicos Anónimos. ¿No había intentado una forma más fácil y más suave y me había fallado? Pero, aquí estaba, encerrada. La vida, como yo la conocía, se me había acabado. Ahora en mi realidad había dos cargos por delitos graves. Así que parecía acertado escuchar al capellán. Y escuchar a la gente de A.A. Sería mejor que rezara por poder oír su mensaje. Después de todo, ¿qué podía yo perder? Así que escuché, escuché y escuché. Y pronto empecé a oír.

Hace mucho tiempo, había admitido que era alcohólica. Incluso admití que era impotente ante la droga. Pero en mi mente enferma, ese hecho era como una enseña de honor. No podía admitir que mi vida se había vuelto ingobernable. Según se me iba aclarando la mente, oí el mensaje: "Si sólo doy el Primer Paso a la mitad, más vale que no lo dé en absoluto. El Primer Paso es el único Paso que podemos, y debemos, dar perfectamente. No había planeado estar en la cárcel, o sea que, tal vez, mi vida se había vuelto ingobernable.

Pasaron los meses. Me esforzaba por mantener la mente abierta. Empecé a oír otros mensajes. "Más se te revelará," decían. Y cuánta razón tenían.

Empecé a ser honesta acerca de lo que me había llevado a este fondo: Mi propio ego desenfrenado. También empecé a tener momentos de claridad. De pronto me di cuenta de que había sido fiel a mi promesa. No había dejado que nadie me quebrantara. Me había protegido a mí misma contra los demás. Me había lastimado a mí misma. Mi Poder Superior, que es Dios, me había dejado quebrantar mi propio espíritu. Realmente los designios de Dios son un misterio.

Aprendí muchas lecciones en A.A. Me enteré de que había estado sometida al alcohol desde los 16 años. Había sido secuestrada por un poder superior a mí misma. Ya que soy impotente, ¿por qué no renunciar al poder del alcohol? Abrirme al Poder de Dios. Me enteré de que ningún programa de recuperación va a hacer mi trabajo. Yo debo trabajarlo. Me enteré de que A.A. es un programa simple, pero no es fácil. No obstante, la muerte de la mente, del cuerpo y del alma es una perspectiva desalentadora.

Este conocimiento recién adquirido era poderoso. Me permitió ver la solución a todos mis problemas: debo esforzarme para cambiar. No puedo cambiar a otros. Hoy día, me esfuerzo 24 horas, una a una. Me esfuerzo por poner mi voluntad en manos de Dios. Rezo diariamente para conocer la voluntad de Dios. No soy una persona religiosa. No me gustan los rituales. Pero los principios espirituales de A.A. siguen salvándome la vida — un día a la vez. Es un placer estar viva hoy. Y ayudar a llevar el mensaje de Alcohólicos Anónimos a quienes aún sufren. Me siento muy agradecida. Aún me queda la suficiente sensatez. La sensatez de dejar que Alcohólicos Anónimos y mi Poder Superior me salven de mí misma.

—Paula O., Spring, Texas

CÓMO LOGRAR TENER ÉXITO AFUERA

Estuve haciendo todo lo posible para dejar la penitenciaría estatal desde que llegué allí. Tenía una condena de 1½ a 3 años. Cuando me sentenciaron estaba en libertad provisional federal. Así que aún me quedaban cinco años por cumplir de la condena del gobierno federal. No estaba preocupado por vivir en la prisión. Pero, en un plazo de uno a siete años, iba a salir en libertad. No sabía cómo vivir afuera.

No podía explicarme lo que me pasaba. Los médicos habían dicho que estaba loco. Había escondido mi alcoholismo detrás de un denso drama.

Tuve una visita de algunos presos que eran miembros de A.A. Me uní a la Escuela de Estudio de Doce Pasos. Durante cinco semanas me orientaron en el estudio de los Pasos del libro *Alcohólicos Anónimos*. En la sexta semana me dejaron asistir a la reunión regular de A.A. de los viernes por la noche. Era una reunión de orador. Podía asistir gente de afuera. Con la ayuda de mi padrino, me asignaron un nuevo trabajo en A.A.: orientar al próximo grupo en el estudio de los Pasos. Nos reuníamos los fines de semana en la Escuela de Estudio de los Doce Pasos. Yo era afortunado. Aprendí que la vida no se trata de lo que yo pueda conseguir, sino de lo que pueda dar. No se trata de lo que Dios pueda hacer por mí, sino de lo que Dios pueda hacer a través de mí. Debo estar abierto a la vida y al Espíritu.

En los 13 meses siguientes, seguí trabajando con otros. Aprendí a hacer las tareas diarias. Mi trabajo era en el lavaplatos. Aunque no quería, llegué a ser el líder del sitio. Había descubierto una habilidad que me ha ayudado a lo largo de mi vida: puedo hacer que la gente trabaje unida. Aprendí a servir como líder. Me estaba preparando para la vida en el mundo real. Ahí es donde te presentas y haces lo que has acordado hacer. Eso es el orden del día.

Mi padrino, Bruce, me lo dijo bien claro: ¿Quieres dinero? Consigue un trabajo. Acude a tu trabajo, a tiempo, siempre. Cuando estás allí, haz tu trabajo. Al final del día te darán dinero. Nunca será suficiente, pero siempre será lo suficiente. Cuando te pidan que hagas más, hazlo. Durante el tiempo que aceptes el dinero que te dan, sé leal. Mantén tu palabra. Si crees que no puedes mantener tu palabra, no la des. Bruce me pasó estos principios. Guían mis acciones y mis pensamientos.

Las autoridades federales me concedieron la libertad condicional. Todos creíamos que tendría que cumplir toda mi condena federal. La gente de A.A. me enseñó que puedo ser útil en cualquier sitio. Así que estaba preparado para volver a la prisión federal. Había otra posibilidad. El juez federal podría concederme la libertad provisional. Mi padrino me dijo que no creía que yo estuviera preparado para la vida de afuera. Pero me dijo que debía prepararme. Pasé las tres semanas siguientes estudiando mi vida. Consideré mis intenciones. Volví a trabajar en los Pasos. De esa forma, me aseguré de no estar aferrándome a mis antiguas ideas. El tipo de ideas que me metían en problemas. Necesitaba estar abierto. Quería estar libre para aceptar lo que sucediera. Quería estar abierto a la orientación del Espíritu. Cuando me llevaron a Denver para la audiencia federal, estaba preparado. En una ocasión, el oficial de libertad provisional había querido encerrarme. Había dicho que no había posibilidad de ayudarme. Ahora sugirió al juez federal que me concediera la libertad provisional. Dijo que yo había estado asistiendo a las reuniones de A.A. Me dijo que me comunicarían la decisión en un plazo de seis días. El jueves antes del fin de semana del Día de Conmemoración de los Caídos de 1969 me concedieron la libertad provisional federal. Era un fin de semana largo debido a la fiesta. No tenía trabajo ni lugar donde vivir. Sólo me quedaban $17 de los $25 que me dieron al salir. El oficial de libertad condicional y yo estábamos de acuerdo: sería mejor si me quedaba en la cárcel hasta el fin de semana siguiente.

    Durante el fin de semana, me propuse completar mi libertad provisional. Quería vivir como un hombre libre. Me habían dicho que fuera a una reunión de A.A. el día que saliera en libertad. De esa manera, probablemente seguiría afuera. Tenía que recordar que aún estaba cumpliendo condena, aunque estuviera afuera. No era un ex convicto, era un hombre que había estado en prisión. Los ex convictos tienen problemas con la ley y la sociedad. Tenía que dejar que el Espíritu me guiara. Ir a donde me llevara. Mientras me ayudara a quedarme afuera. Había formado una relación en términos sencillos con mi Creador. Términos que funcionaban. Podía pedir orientación y fortaleza para hacer lo correcto. Y recibía orientación y fortaleza.

    Llegó el lunes. Caminé por el pasillo para reunirme con el oficial de libertad provisional. Un preso me paró y me dio un papelito. Me dijo, "Si tienes problemas para conseguir un trabajo, vete a ver a este hombre. Te puede ayudar." Los oficiales federales hablaron conmigo. Luego me llevaron a ver al oficial de libertad condicional. Sus órdenes fueron muy claras: "Si mañana no tienes un trabajo, vuelves a la prisión. Preséntate a mí todas las tardes al salir del trabajo."

Sabía que podía conseguir un trabajo en un pequeño restaurante de hamburguesas en Aurora. Ya había trabajado antes allí. El encargado era un buen hombre. A pesar de mis problemas, me ayudaría. Fui a tomar el autobús para ir a Aurora. Encontré mi primer obstáculo. Había un cartel en el autobús que decía: TARIFA EXACTA. EL CONDUCTOR NO LLEVA CAMBIO. Me sentí destrozado. No podía tomar el autobús.

Me acordé del papelito que me dio el preso. Era un sitio donde contrataban trabajadores para el día. Estaba tan sólo a cuatro o cinco cuadras de distancia. Caminé hasta el sitio. Me habían dicho que fuera totalmente abierto y sincero. Jack me preguntó que qué quería. Le dije, "Me llamo Don P. Soy alcohólico y he tenido problemas con las drogas. Estoy en libertad condicional federal y estatal. Necesito un trabajo. ¿Tiene usted alguno?"

Jack se entusiasmó. Me dijo, "eres exactamente la persona que yo estaba buscando." Me llevó a una fábrica de papel. Nos dijeron que no contrataban a ex convictos. Pero podía trabajar en la nómina de Jack. Luego me pusieron a trabajar descargando furgones de mercancías. Jack me consiguió trabajo para el resto del día. Me ayudó a conseguir ropa de trabajo. Me ayudó a encontrar un lugar donde quedarme. Me presenté ante el oficial de libertad condicional al final del día. Luego seguí las instrucciones. Fui al Club de la calle York para seguir con A.A.

Mientras estaba en prisión, hablaba regularmente con un hombre de afuera. Se llamaba Reed. Había llegado a ser mi mentor. Éramos hombres que normalmente no nos mezclaríamos. Él era un hombre mayor con clase. Era un especialista en finanzas y un hombre de familia. Siempre estaba en la reunión si decía que iba a estar. Tenía que viajar en auto dos horas de ida y de vuelta. Pero siempre se presentaba. Tenía cualidades que yo quería para mí mismo. Antes de salir en libertad le pregunté a Reed, "¿Cómo me van a recibir allí afuera?" Me dijo, "Pues tendrás que salir para averiguarlo. Ven al club de la calle York la primera noche que estés afuera. Uno de nosotros estará allí para recibirte."

Yo estaba muy nervioso. Subí las escaleras del club de la calle York y entré. Allí estaba Reed. Lo había visto una vez al mes durante más de un año. Pero aún me sentía como un don nadie. Le dije, "probablemente no te acordarás de mí, pero me dijiste que viniera aquí la primera noche que estuviera fuera de la prisión." Reed se echó a reír. Empezamos una amistad que duró hasta el día que falleció. Su esposa, Dotty, me habló más tarde acerca de mi primer día en la calle York. Dijo que Reed se aseguró de estar allí temprano. Sólo para recibirme. Me encontraba a menudo con Reed y Dotty al final de las escaleras. Me enseñaron a estar allí cuando alguien necesitaba ayuda.

Me hice miembro del Grupo de Jóvenes de Denver. Había un veterano que también había estado en prisión. Me dijo que me entregara totalmente a A.A. un año entero. Así no volvería nunca a prisión, excepto en mis propios términos. Los seis meses siguientes no se me permitió tener un auto. La gente de A.A. me hizo un trato: Si podía arreglármelas para llegar a la reunión, alguien me llevaría a casa después.

Había muchos antiguos presos en A.A. De acuerdo a los términos de mi libertad condicional, no se me permitía asociarme con antiguos presos. Le pregunté sobre esto al oficial de libertad condicional. Me dijo, "si es por asuntos de A.A., más vale que te juntes con ellos."

Nuestro grupo apadrinaba dos reuniones a la semana. Había una reunión de discusión los martes y una reunión de orador los domingos. También íbamos a otras reuniones en el área. Queríamos ser parte de todo A.A. Empezamos a hacer trabajo de Paso Doce: hablábamos en las escuelas locales y clubs de servicios.

Si yo admiraba una cualidad de una persona, me juntaba a ella. Me enteraba de cómo logró esa cualidad. Y trataba de practicarla. Escogí a mi padrino porque era un hombre de familia. También era nuestro RSG. Estaba dedicado a A.A. Lo seguía a todas partes. Me enteré de cuál era mi responsabilidad principal: mantenerme sobrio y ayudar a otros a lograr la sobriedad. También tenía responsabilidad con el pasado. Y un deber para con el futuro. Mi deber es servir a la Comunidad. Asegurarme de que dentro de 50 años una persona en A.A. tenga lo que yo tengo: la misma oportunidad de aprender. Y vivir una vida que tiene sentido.

En los dos años siguientes, todo lo que hice —excepto el trabajo— tenía que ver con A.A. Pusieron fin a mi libertad condicional con un año y medio de antelación. Había empezado a aprender a practicar los principios de A.A. en todos mis asuntos. Mi padrino me sugirió que emprendiera más proyectos. Luego dijo, "pero no tengas más proyectos que principios."

Los Servicios de Asistencia Social me dieron una orden: Nunca trates de impresionarlos sólo para conseguir que me devuelvan a mis hijos. Tenía que poner en orden mi vida, y ellos me estarían observando. Si creían que podría ser un buen padre, se pondrían en contacto conmigo. Me devolvieron a mis hijos después de 2 años y medio. Trabajaba como camionero para la fábrica de papel durante el día. Por la noche, ayudaba en una casa donde los borrachos trataban de lograr la sobriedad.

Me esforcé por limpiar mi pasado. Ha sido un trabajo muy importante y gratificador. Sólo lo supera mi trabajo con otros alcohólicos. Mantuve un trabajo por un tiempo suficiente como para tener elegibilidad para los beneficios de la Seguridad Social. Los últimos nueve años he trabajado en el campo de correccionales. He estado con el Departamento de Correccionales de Carolina del Norte. También he trabajado en correccionales de la comunidad en Colorado. Simplemente encontramos formas de llevar el mensaje de A.A. a las prisiones.

He estado casado 26 años con una mujer maravillosa. No nos peleamos. El cuarto de baño de mi casa es más grande que mi celda de la prisión. Mis hijos no tienen miedo de mí. Mis vecinos me respetan. Me enseñan a ser un buen vecino. Mis hijos ya tienen hijos. Uno de mis nietos nos acaba de dar un biznieto. A.A. me ha hecho posible servir a la Comunidad de forma importante. ¿Cómo me preparé para esto? Aprendí a confiar en Dios, a limpiar mi casa y a ayudar a otros. Me he unido a la comunidad del Espíritu. He encontrado una forma de vivir mejor de lo que nunca podría haber soñado.

—Don P., Aurora, Colorado

LA LIBERTAD ES UN ESTADO DE ÁNIMO

Me invitaron a volver a la prisión en la que había pasado más de dos años y medio de mi vida. Esto sucedió más de un año después de ponerme en libertad. Fue para el día del aniversario del centro de tratamiento de la prisión. Asistía al programa de ese centro mientras estaba encarcelada. Esa fue la segunda vez que las antiguas reclusas pudieron volver. Nos pidieron que compartiéramos nuestras experiencias con las que todavía estaban allí. Me sentía un poco nerviosa al pasar por la puerta. Pero no me habría perdido esa oportunidad por nada en el mundo. Me siento muy agradecida por el tiempo que pasé en prisión porque como consecuencia tengo una nueva vida.

El viaje de vuelta suscitó en mí multitud de recuerdos:
Era el mes de septiembre de 1990. Me habían sentenciado a cumplir una condena en prisión. Hice el largo viaje en autobús a Lexington, Kentucky y desde allí fui en taxi a la penitenciaría federal. Durante ese viaje las ideas se me agolparon en la cabeza: "Podrías huir". "Debes de estar loca entregándote a la justicia para pasar tres años encarcelada." "¿Qué va a suceder a tus hijos?" "Es muy tarde para pensar

ahora en estas cosas." "Cometiste el crimen. Hay que cumplir la condena." No pude silenciar el clamor en mi cabeza. Hasta que el taxi dio la última vuelta y entró en el largo camino serpenteante que conducía a la prisión.

Y entonces, era como si el cuerpo se me hubiera apagado y me quedé como atontada. Ni siquiera podía acordarme de bajar del taxi. Ni de entrar por una puerta tras otra. Apenas puedo acordarme de ir a conseguir la ropa de cama, mis uniformes, mi ropa interior, toalla y toallita. Me dijeron que me desvistiera y luego que me duchara. Me cubrieron el pelo y el cuerpo con un spray para despiojar.

Cuando regresé como mujer libre, me volvió esa misma ansiedad. Muy parecida a la de ese primer día. Pero esta vez podía irme. Tenía que seguir recordándome esto. Nos pidieron que no habláramos con las amigas que estaban todavía allí encarceladas. Caminamos silenciosamente por el patio principal. Asunto de seguridad, me imagino. Pero éramos seis las que íbamos andando por ese patio. Sabíamos que esto era un potente símbolo de esperanza.

En mi primera habitación había 14 literas dobles. Para 28 reclusas. Conocí a mucha gente que había estado en la cárcel antes de estar encarcelada. Todos me dijeron "Tienes que ir allí y mientras estés, no te metas en lo que a ti no te importa y cumple la condena." Esta actitud me evitó todo tipo de problemas. Es curioso. Juegas al gato y al ratón con la policía. Y siempre aceptas la eventualidad de acabar en la cárcel. Que la penitenciaría es una mala suerte. Parecido a alguien que pierde su trabajo en el mundo de afuera. Sabía esto en mi fuero interno: que no quería ser como mis amigos. No quería volver cada seis meses a la cárcel. Pero no aprendí nada de sus experiencias.

Hoy compartí una nueva experiencia con las muchachas de aquí. Les conté cómo es vivir una vida sobria. Yo llevaba sobria sólo un año y medio. En ese primer año, un policía me dio un apretón de manos y me dijo que yo estaba haciendo un muy buen trabajo. Esa fue una nueva experiencia. En el pasado, un policía sólo me cogería de la mano para ponerme las esposas. Las muchachas se rieron al oírme contar esta historia. Cuando estaba presa, me trasladaron a una habitación para cuatro personas y me asignaron el puesto de celadora. Ese es un trabajo poco parecido a lo que ves en la televisión. Trabajas muy duro. (Por lo menos yo lo hacía así.) Y pocas expresiones de gratitud. Para decir verdad, las demás reclusas pueden hacerte pasar malos ratos. Echaban la basura al suelo. Pintaban los espejos con crema dental. Y eso lo hacía al verte venir a hacer la limpieza. Muchísimos baños que limpiar. Mucha basura que recoger. Suelos que fregar y que sacar brillo. Me esforzaba al máximo en mi trabajo. Así ocupada no tenía tiempo para pensar: tu gran recompensa es cinco dólares al mes.

Les hablé acerca de mi trabajo en un minisupermercado donde me pagan $6.50 por hora, Les dije que iba a matricularme en la universidad. Hablé de las aspiraciones que tengo hoy día. Objetivos que hace unos pocos años no habría tenido ni soñando. Les dije que los trabajos eran más o menos iguales. Pero había recompensas distintas. En ese minisupermercado me reía. Y hacía lo posible para hacer que mis compañeros de trabajo se rieran. Me reí muy poco durante los últimos años de alcoholismo.

Ya había empezado a asistir a las reuniones de A.A. Ya cuando estaba afuera esperando el día en que el tribunal me impusiera una pena. Sabía que tenía que seguir asistiendo a las reuniones aun si estaba encarcelada. Se celebraban dos reuniones a la semana en la instalación principal. El martes y el jueves por la tarde. Así que asistía todos los martes y los jueves. En nuestro recinto había 2,000 mujeres. Sólo 15 ó 20 asistían a las reuniones. Cuatro o cinco de esas personas venían de un grupo de A.A. de afuera. Un día, cuando volví a mi habitación después de una reunión, una de mis compañeras me preguntó: "¿A dónde vas por la noche todos los martes y jueves?" Y le repliqué: "¿Por qué?" Y ella me dijo: "Porque cuando vuelves pareces muy tranquila." Me ayudó a ver lo importante que son las reuniones. Las necesito incluso cuando no hay peligro de beber ni de abusar de la droga.

Ese fin de semana me iban a entregar mi ficha conmemorativa de cuatro años de sobriedad. Bruin, un miembro de A.A. de afuera, me la dio. Él había venido a las reuniones todos los martes y jueves desde que llegué a la prisión hacía dos años y medio. Dijo: "La próxima persona es un vivo ejemplo de los que están dispuestos a ir a dondequiera que sea necesario por su sobriedad. Tara vino aquí a Kentucky desde el estado de Washington para celebrar sus cuatro años de sobriedad con nosotros." Me sentía avergonzada. Pero me sentía también muy orgullosa cuando recibí esa ficha. Todavía asisto a reuniones todas las semanas. Todavía siento la misma paz mental que tenía cuando estaba encarcelada.

Presentaron una obra de teatro para entretenernos la cual me trajo muchos recuerdos del pasado. Cantaron "Tú eres mi héroe". Nunca me habría podido imaginar que nadie me considerara su "héroe". Estaba bañada en lágrimas. Me acordé de lo que hizo posible este maravilloso fin de semana: La gracia de Dios y mi buena disposición.

Siempre tenía cierta desconfianza de los presos que se volvían religiosos. Pero algo me sucedió cuando lo perdí todo. No quiero decir mis posesiones materiales o mis hijos. Quiero decir mi dignidad. Mi dignidad y mis esperanzas en la vida. Llegué a estar abierta a la idea de que, si me pusiera a tratar de creer en Dios, no podría perder nada.

Nací católica. Me crié en una escuela católica. Pero empecé a tener dudas. Las tenía debido a la mala conducta de algunas personas que se las daban de ser religiosas. Me prometí a mí misma: nunca sería yo una hipócrita así. Cuando empecé a beber alcohol y abusar de las drogas, dejé de rezar y de creer. De reclusa, me encontré rodeada de muros y alambradas. ¿Qué tenía que perder? Ahora que me encuentro en libertad, me considero simplemente cristiana. Tengo una relación con un Poder Superior.

Recuerdo la primera vez en que confié en mi fe: Había en el recinto un programa piloto de tratamiento de un año de duración. Un consejero me animó a participar. Le dije que iba a tener que pensarlo. Tal vez preferiría esperar y hacerlo en una fecha más cercana a la de mi puesta en libertad.

Me estaba preguntando si tal vez debiera ingresar en el tratamiento. Recé y lo dejé en manos de Dios. Al día siguiente me llamaron de entre los posibles participantes y luego el jefe de la prisión me quitó de la lista. Lo mismo ocurrió tres días seguidos. Cada noche recé: "Dios, no voy a tomar esta decisión. Ya sabes lo malas que son las decisiones que tomo. Te ruego que me orientes para que pueda hacer Tu voluntad." El cuarto día fui al pabellón de tratamiento.

El segundo día de mi visita a la prisión, tuve la oportunidad de pasar por ese mismo pabellón. La unidad está separada del resto del recinto. Tiene su propio edificio. Mientras caminábamos por ese largo camino me acordé de la primera vez que conocí a Elaine.

Poco tiempo después de que llegué a la unidad, Elaine se presentó a la puerta de mi habitación. Se estaba retorciendo las manos nerviosamente mientras hablaba. Tenía unos diez años más que yo. Pero estaba tan nerviosa como yo. Y no lo podía ocultar tan bien como yo. "Hola, soy Elaine", me dijo extendiendo la mano. "¿Quieres cenar conmigo? No me gusta la aglomeración. Nos reuniremos aquí mismo en la puerta. Así llegaremos antes que todos cuando suene la campana."

Llegamos "antes que todos" pero ya había cola. Si teníamos delante de nosotras unas 20 ó 25, estaríamos bien. Supongo que allí aprendí a ser paciente y tolerante.

Elaine y yo llegamos a ser muy íntimas amigas por pasar tanto tiempo esperando en esas colas y hablando mientras comíamos. Nos reuníamos tres veces al día. Al principio charlábamos de cosas triviales. Luego, según íbamos confiando más la una en la otra hablábamos de cosas muy personales.

En la unidad de tratamiento de drogas, la mitad del día íbamos a una clase. El resto del día trabajábamos. Por la noche asistíamos a una reunión de Doce Pasos. Teníamos todo tipo de clases. Estudiamos las reacciones emocionales. Estudiamos la mentalidad criminal. Para cualquier tema imaginable había grupos de estudio. Además se esperaba que pusiéramos los Pasos en práctica. Llevábamos un diario. Cada día lo presentábamos a nuestras consejeras.

Mi segunda consejera, Cynthia, ya no trabajaba allí. Pero había vuelto a la instalación para el aniversario. Me dijo por qué estaba allí. Se había enterado de que yo estaría allí. Ella siempre reforzaba mi autoestima. Seguía teniéndome a mí como cliente aun después de que me gradué del programa. Sólo pude pasar unos pocos minutos con ella. Luego nos llevaron apresuradamente a hacer un recorrido de las instalaciones.

Las instalaciones y el personal eran casi igual que antes. Los visitantes nos sentamos con la directora, la Dra. Simpson. Unos cuantos miembros del personal se sentaron con nosotros. Hablamos acerca de los progresos que habíamos hecho desde nuestra puesta en libertad. Allí sentada en ese círculo sentí nuevamente mi viejo temor a la autoridad. ¿O tal vez lo que sentía era la impotencia que había conocido? ¿Y la buena disposición para aprender? En mi enfermedad siempre estaba luchando con la autoridad. Mentía e intentaba controlar siempre que podía. Finalmente me rendí. Pero me volvió el temor a mí misma. Me volví tímida y aburrida. Y ahora estaba nuevamente sentada en ese círculo con el personal. Empecé a tener las mismas sensaciones. Tuve que recordarme a mí misma que todos éramos seres humanos. Ya no teníamos esa relación de maestra-estudiante.

Sentada en ese círculo me encontré pensando persistentemente en mi primera consejera, Tonya. Me sentía triste porque ella no pudo venir al aniversario. La Dra. S. me dijo que ella había llamado por teléfono para enviarme sus mejores votos. Nunca olvidaré la gran ayuda que me dio.

Sus preguntas me daban mucho que pensar. Leía todo lo que yo escribía en mi diario. Hacía comentarios acerca de cada entrada. Eso era para mí muy importante. Tenía muy poca confianza en otra gente. Cuando iba a visitarla nos quedábamos allí sentadas mirándonos la una a la otra. Me preguntaba cómo me sentía. Le respondía: "Bien". Me resultaba muy difícil hablar. Pero en mi diario se lo decía todo.

Recuerdo una ocasión en que la visité en su oficina. Acababa de recibir noticias de que mis hijos estaban teniendo problemas. Me dije a mí misma: "estoy en la penitenciaría. No puedo hacer nada para ayudar." Tonya me animó a buscar posibles soluciones. Me dijo: "Y el papá de tus hijos, ¿puede ayudar?" "Está también en prisión. No nos puede ayudar mucho." Y ella replicó: "No perdemos nada con intentarlo. Puedo llamar a su consejero y hacer arreglos para una teleconferencia." "Bien," le dije, "pero no me parece posible que él nos pueda ayudar."

Gracias a Dios, estaba equivocada. Él llamó a sus padres en el estado de Washington. Hacía diez años que él no hablaba con ellos. Acordaron viajar en automóvil a Kansas City, Missouri. Recogieron a nuestros tres hijos y los llevaron a Auburn, Washington. Nancy, la tía de mis hijos, también ayudó. Si antes yo no creía en los milagros, entonces empecé a creer. Todo eso no podría haber sucedido si no fuera por un milagro. Y así fue por qué acabé en el estado de Washington. Es un viaje que de otra manera nunca me hubiera imaginado hacer; pero estoy contenta ahora de estar aquí.

Tonya me ayudó a ver los sentimientos que tenía de vergüenza y culpabilidad. Los sentía por haber perdido una mano. Un día estaba sentada en su oficina. Me hizo una pregunta acerca del asunto. Le dije mentiras. Le dije que desde mi niñez siempre había conocida a personas con impedimentos físicos. El no tener una mano no me impedía a mí hacer nada. Nunca me afectó. Siempre podía hacer cosas difíciles de creer. Su respuesta fue: "Si no te afectaba, ¿por qué siempre tenías el brazo en el bolsillo?" No dije ni una palabra más el resto de la sesión. Pero comenté sobre el incidente en mi diario. Vi los sentimientos de vergüenza y culpabilidad que tenía por haber perdido la mano. Y vi cómo la bebida y las drogas me hacían posible ocultar mis sentimientos.

Hoy día no me siento llena de vergüenza por la mano perdida. Ni por mi enfermedad. Muy rara vez noto que la gente se quede mirándome. Me he aceptado por quien soy — con todos mis defectos. Quienes se sienten incómodos tienen un problema, yo no. Es verdaderamente divertido ver a los padres de los niños curiosos. Los niños quieren ver mi brazo, o tocarlo. Los padres se sienten avergonzados. A veces tratan de hacer que los niños me dejen en paz. Siempre les digo que está bien. Es una buena cosa la curiosidad. Y cuando los niños ven que ya no me duele, tampoco se sienten molestos.

Pensé en todas las clases que había tomado allí. Creo que para mí el momento decisivo fue cuando hice el Quinto Paso. Eso es cuando compartes tu inventario moral — lo que hiciste mal. Lo compartes con Dios y con otra persona. Elaine era mi madrina. Lo hicimos en una sala de clase, solas, lejos de otras personas. Hice mi Quinto Paso con ella. Le conté mi historia con todos los detalles morbosos. No sabía cómo esto me iba a ayudar. Ahora lo sé. Me ayuda a no volver a hacer las mismas cosas. Desde ese entonces he oído decir ese refrán: "No te conoces a ti misma hasta que te compartes con otra persona." Creo que este refrán sirve bien para describir mi experiencia.

Mientras hacía mi Quinto Paso, Elaine me contaba sus experiencias parecidas. Esta experiencia me abrió los ojos de manera que podía ver un nuevo aspecto de mi historia. Los sentimientos de vergüenza y culpabilidad me habían cegado. Habían deformado mis creencias. De niña esas creencias me habían protegido pero cuando llegué a ser adulta, deformaron mi perspectiva sobre el mundo.

No me sentí libre de inmediato. Tardé un día o dos en sentirlo. Me di cuenta de no tener que preocuparme por la opinión que otros tuvieran de mí. Podría reírme y divertirme dondequiera que estuviera. Mi espíritu era libre aun si mi cuerpo estaba encarcelado.

Al caminar por los pasillos y ver mi vieja sala, sonreí. Y creo que seguí andando con una sonrisa el resto del fin de semana. Había salido de allí con todas las cosas en contra mía: por ser mujer y alcohólica. Discapacitada. Ex convicta y madre soltera de tres hijos. Y me iba a trasladar a un estado donde no conocía a nadie. No podría haber ido al otro lado de la calle sin acabar perdida. Y a pesar de todo eso, estaba haciendo progresos. Tenía más confianza que nunca. Cuento con un Poder Superior que me acompaña siempre. Soy libre. Todavía me acuerdo de la primera vez que me sentí así:

Estaba sentada en mi litera. Empecé a sonreír. Me di cuenta de que la libertad es un estado de ánimo. Mi litera estaba colocada entre dos paredes. Tenía un espacio de 2.5 pies en cada lado. A un extremo de la cama había una puerta. Al otro extremo una ventana. La sala estaba iluminada por una pequeña lámpara en el pasillo. Afuera había cercas, muros y puertas que me impedían salir físicamente. Pero mentalmente me sentía más libre que nunca en mi vida.

Hoy puedo hablar acerca de ese fin de semana especial. Puedo hablar de la vida que me condujo allí. Espero que otras comprendan lo que es su lucha por la libertad. Es una lucha interna. La libertad es un estado de ánimo.

—Tara W.

ENTRE LÍNEAS

Allí me encontraba, encarcelado, sano y salvo, hojeando un número de la revista Grapevine. Un número temático especial acerca de A.A. en prisión. Vi una noticia, un anuncio del Servicio de Correspondencia de Correccionales. Pasé un par de minutos pensando en el asunto, y luego pasé a otra cosa.

A propósito, me llamo Marty y soy alcohólico. Estoy en el Departamento de Correccionales del Estado de Colorado, cumpliendo seis condenas por un total de 135 años. Eso no es un error tipográfico: dije 135 años.

A.A. en prisión no es para mí nada nuevo. A la edad de 17 años tuve mi primera introducción a A.A. Estaba cumpliendo una condena en una prisión del estado de California. Aun a esa tierna edad, podía identificarme con quienes venían a la prisión para apadrinar nuestras reuniones. En mi fuero interno, ya sabía que yo sufría de la enfermedad de alcoholismo. Parecía ser cosa de familia. Hacía tiempo que yo abusaba del alcohol y de las drogas, pero no tenía ningún deseo de dejar de beber.

Al llegar a la edad de 24 años ya estaba divorciado, padre de dos hijos. Era drogadicto y borracho. Estaba también de vuelta en la prisión. Pasé varias semanas encarcelado sin nada que hacer. Me permitieron dos libros cada semana. Y dos o tres horas de ejercicio en el gimnasio. Pasé muchas horas solo, aburrido y airado. Un día el consejero de alcoholismo, Pedro, me llamó inesperadamente y me llevó de mi celda a su oficina.

La oficina era muy pequeña. Pedro me habló de manera franca e íntima. Tenía un estilo especial. Él no se sentía amenazado por mí, ni yo por él. No me habló de manera condescendiente. A diferencia de los oficiales de la prisión que suelen hablar así a los presos. Pedro, un hombre robusto, se arrellanó en su asiento, puso los pies en la mesa y me preguntó cómo me iban las cosas. Se preocupaba sinceramente por mi bienestar. No quería nada de mí. Quería ayudar. Le dije que me sentía aburrido por estar encarcelado. Estaba esperando a que me asignaran un trabajo y me trasladaran a otra celda. Me preguntó cuánto tiempo me quedaba de la condena. Le dije que saldría libre en unos seis meses. Me preguntó qué iba a hacer cuando saliera. Le dije que iba a ir al pueblo donde vivía. Iría al bar para ver deportes en la TV. Me tomaría tragos de whisky y cerveza bien fría. Me emborracharía. Y cada vez que pasara Marisol, mi camarera favorita, le daría un pellizco.

Pedro me dijo, "Pues, me estás hablando con sinceridad." Le dije que yo había pasado horas y horas dando vueltas en mi celda. Había planeado al detalle mi próxima borrachera. Estaba contando los días. Cuánto ansiaba tener en la mano una botella de cerveza fría. Pedro me dijo que yo estaba "seco y pensando en beber." Y luego me envió a mi celda. Pasé unos cuantos días pensando en "estar seco y pensando en beber." No pude negarlo. Era la pura verdad.

Resultó que Pedro, igual que yo, era un recién llegado a la prisión. Yo era su primer cliente. Pedro estaba planeando programas de tratamiento y educación. Cuando inició las reuniones de A.A. me invitó a participar. Yo estaba encantado de salir de esa celda. Preparaba la sala, hacía el café y asistía a todas las reuniones que podía. Hacía la limpieza después de las reuniones. Además me ofrecí para mecanografiar y para hacer cualquier cosa que me ayudara a salir de esa celda. Pasado poco tiempo teníamos cinco reuniones a la semana. Venían a participar oradores de afuera. Celebrábamos dos sesiones de estudio del Libro Grande cada semana. Muchos presos no podían leer. Así que yo tenía la oportunidad de leer y releer muchos textos de A.A. Pedro me dio mi primer Libro Grande. Me dio mi primer "Doce y Doce", y otros libros. Oí las charlas de Pedro tantas veces que las podía dar yo.

Mi plan de salir en libertad en seis meses cambió rápidamente. Añadieron otro año a mi condena. Esto me desinfló un poco. Me hizo ser menos engreído. Y aunque no lo sabía en ese entonces, me aumentó la capacidad de aprender. Fui a ver a Pedro para decirle lo que había sucedido. Me sentía deprimido y airado. Pedro me dijo: "Tal vez Dios sabe que todavía no estás preparado para salir. En vez de preocuparte por el asunto, debes enfocarte más en tu recuperación. Esto contribuirá a prepararte para salir."

Pasé varios días encerrado en mi celda pensando en el asunto. Sabía que Pedro tenía razón. Quería disputar ese punto pero no había nadie con quien disputar. No podía salir en libertad por pura fuerza de voluntad. Y no podía poner fin a mi alcoholismo por pura fuerza de voluntad. Se desvaneció mi instinto de luchar. Me rendí. Me asignaron a trabajar como asistente de Pedro. Me pagaban siete centavos a la hora. Lo suficiente para sufragar mi adicción al tabaco. Llegué a conocer a todos nuestros oradores invitados. Escuché sus historias. Acabé sintiendo gran admiración por ellos. Recuerdo en particular a una oradora invitada, Rusty. Su marido, Guillermo, era un ex presidiario. Había pasado varios años en las prisiones de Colorado. Cuando ella habló ante unos 80 reclusos se hizo un silencio total. Yo estaba al fondo de la sala, cerca de la cafetera, llorando a lágrima viva. Rusty nos contó las tragedias que le había causado a su hijo mientras ella estaba bebiendo. Me hizo pensar en mis propias experiencias. Me había criado con una madre alcohólica. Me acuerdo también de lo difícil que me resultaba aceptar ese "asunto de Dios". No podía creer que Dios tuviera tiempo para mí. Había tantos buenos cristianos que cuidar. Pedro me dijo que rezara. Probablemente lo hice. Luego, un día de otoño, iba caminando, cruzando el patio, para ir a mi trabajo. No sé por qué razón, esa mañana yo era el único recluso en pasar por el patio de camino al trabajo. Era el día de cambiar la hora. El cielo estaba todavía oscuro. Había llovido durante la noche. Miré al cielo, de un azul oscuro y profundo, salpicado de estrellas centellantes. Respiré el aire fresco de las montañas que olía a la lluvia recién caída. Dos arrendajos azules pasaron volando muy cerca. A la izquierda había un largo césped verde y florido. Más allá de la cerca de la prisión vi una pequeña nube flotando por encima de una alta montaña coronada de nieve.

De repente me sobrevino una sensación que subía desde lo más profundo de mi corazón. Supe que Dios había creado el azul profundo del cielo. El olor que impregnaba el aire. Él había enviado a los arrendajos que pasaron volando cerca de mí. Conocía cada hoja de hierba y cada flor. Había hecho todos los árboles de la montaña y cada copo de nieve. Creó la nube que iba flotando por el cielo.

Y me conocía a mí. Era absurdo imaginarme que no me conocía. El conocimiento de Dios me llegó penetrándome como una flecha. Sabía que con Dios no tenía secretos. Dios me conocía mejor que yo me conocía a mí mismo. Y no obstante, me amaba.

Más tarde, le conté a Pedro lo que me había sucedido esa mañana. Me dijo: "Has pasado por una experiencia espiritual." Le dije, "¡Qué bien!" Leí el Libro Grande, la sección titulada "Experiencia espiritual," Apéndice II (página 519). Y supe que era cierto. Eso ocurrió hace 17 años. Desde entonces han pasado muchas cosas. Salí en libertad. Y aunque no me he mantenido sobrio sin interrupción, ahora llevo 12 años sobrio. La mayor parte de ese tiempo lo pasé afuera. Pedro murió, pero yo seguí participando muy activamente en A.A. Excepto durante un breve período. Y en ese período la vida me volvió a resultar inmanejable. Como consecuencia me encuentro aquí nuevamente en prisión.

Y como empecé diciendo, allí estaba, sano y salvo. Y volví a leer ese artículo en el Grapevine. Poco tiempo después recibí una carta de Brian S. Ya hace un año que nos carteamos. Lo considero mi padrino. Compartimos nuestra experiencia, fortaleza y esperanza por correo. Recientemente, estando de vacaciones, Brian pasó por Colorado con su familia. Tomamos café y charlamos en la sala de visitas de la prisión. Hablamos una hora. Brian es un ejemplo magnífico de la sobriedad. El servicio que presta es muy importante.

He llegado a creer que llevar el mensaje de A.A. a las prisiones es una de las vocaciones más valiosas de la vida. Hay 1.6 millones de presos en los Estados Unidos. Creo que la mayoría de sus crímenes se relacionan con el uso del alcohol o de la droga. Esto lo creo por experiencia de primera mano. Sería fácil olvidarnos de ellos. Podríamos dejar que los terapeutas y los reformadores de prisiones los trataran. Pero desgraciadamente a menudo sus programas no valen para nada.

Pero Alcohólicos Anónimos ofrece una verdadera solución. Puede ayudar al confundido recluso y su familia. A.A. ofrece un plan para la vida. Nos mantendrá "entre líneas", en el camino recto. Pero tenemos que estar dispuestos a asistir a las reuniones y trabajar con otros. No sólo nos ayuda a vivir en el mundo de afuera, sino también nos ayuda a vivir en la prisión. Y trata la enfermedad: la locura del alcoholismo. Es posible mantener a un alcohólico alejado del alcohol. Pero así el problema queda sin tratar. A.A. en prisión sí lo trata. Ahora tengo un propósito en mi vida, una vida que está llena de significado. Yo, también, llevo el mensaje de A.A.

—Martin W., Limon, Colorado

PARA UN SIMPLE OBRERO DE MISSISSIPPI NO ESTÁ MAL

Logré mi sobriedad el 1 de mayo de 1985. Una época de urgencias. Yo iba camino de la derrota y el desplome. Tenía 21 años y estaba empeñado en destrozarme.

Siento mucha admiración por los alcohólicos que pueden entrar en su primera reunión directamente de la calle. Hay que tener coraje para hacerlo. Yo no era así. Fue necesario que un juez me ordenara asistir a una reunión. Ya había pasado seis meses en una casa de recuperación en Mississippi. Cuando salí, me puse a trabajar. Me lancé a poner los Doce Pasos en práctica. Asistí a tantas reuniones de A.A. como me fue posible. Llevaba casi 14 meses sobrio. Y entonces, el 26 de junio de 1986, tuve que comparecer ante el juez. Debido a los cargos por los que había acabado en el centro de tratamiento. Mi primera infracción: intentar vender drogas. Fui condenado a cumplir cinco años en el Correccional del Estado de Mississippi de Parchman.

Todos mis amigos sobrios se quedaron asombrados Yo también. ¿Me habría llevado Dios tan lejos sólo para abandonarme? Me enviaron a una prisión de máxima seguridad. Me metieron entre los asesinos, los atracadores, y otros criminales "legítimos". Y aún peor, durante los siete primeros meses no me permitieron asistir a las reuniones de A.A. Recogí y corté algodón. Trabajé sumergido hasta el pecho en aguas negras para desatascar una alcantarilla bloqueada. Me violaron numerosas veces. Y casi volví a emborracharme.

Lo que me salvó fue esto: Mis amigos sobrios venían a verme cada domingo de visita, un viaje de seis horas. Me traían una reunión de A.A. Mi familia nunca vino a verme. A.A. se convirtió en mi nueva familia. Por medio de mis compañeros de A.A. llegué a darme cuenta de que Dios no me había abandonado. Dios estaba allí conmigo en la prisión. Estaba presente también en los abrazos, el amor y el apoyo que me dieron mis hermanos y hermanas de A.A. Entre visitas, leí y volví a leer el Libro Grande. Y recé por mi seguridad, para salir vivo. Y sobrio.

Me habría resultado fácil emborracharme en la prisión. Era fácil conseguir alcohol. Supongo que es cuestión de tener suerte. Sabía que, incluso como preso, tenía una vida sobria. Y eso era mejor que ser prisionero del alcohol. Antes de lograr mi sobriedad, sólo quería morir. La sobriedad me ha dado la esperanza de llevar una mejor vida. Cumplí la condena. Cuando salí en libertad condicional, todavía estaba sobrio.

Muchas maravillas me han ocurrido en los 16 años que llevo sobrio. Ha habido alegría y ha habido tragedia. Me dieron un diagnóstico de SIDA el año que logré mi sobriedad. Unos años más tarde los médicos me dijeron que tenía Hepatitis C. A menudo me he sentido poco digno de ser amado, inferior y aislado. He perdido a algunos seres queridos. He sufrido decepciones y he visto sueños hacerse realidad. He viajado por todo el mundo. He asistido a reuniones de A.A. en otros países: en Praga, Roma, Jamaica, Nueva Zelanda y Grecia. He reanudado relaciones con mi familia. He escrito un libro. Espero que se publique. He visto artículos míos publicados en revistas nacionales. Se han puesto melodías a mis letras y las canciones han sido grabadas. He llevado el mensaje como padrino y como RSG. Incluso he pronunciado el discurso de apertura en una convención de A.A. Ante más de 3,000 personas. Para un simple obrero de Mississippi, no está mal.

Pero lo más importante es que he llegado a creer. He llegado a creer que la historia tendrá un feliz desenlace. Mientras no me tome un trago. Creo que no hay nada imposible. Mientras no me tome un trago. Creo que soy un hombre maravilloso y cariñoso. Un hombre rebosante de vida. Y he llegado a creer en un Dios que me ama, a pesar de los defectos que tengo. Todo esto se lo debo a haber practicado los Doce Pasos de A.A. Se lo debo a seguir siendo sincero, con mente amplia y estando dispuesto a hacer lo necesario. Y se lo debo, incluso en los tiempos duros, a acordarme de esto: No te tomes el primer trago, sea cual sea la situación.

Si estás pensando en tomarte un trago, considera esto: No va a mejorar nada. No bebas hoy, sólo por estas 24 horas. Te lo mereces, ya sea que lo creas o no. Si no lo puedes creer, cree que yo lo creo. Necesito a todos los alcohólicos. Dondequiera que estén, ustedes contribuyen a llenarme de esperanza. Me ayudan a vivir sobrio. No lo abandones antes de que se obre el milagro.

—Jimmy W., Cazadero, California

HACER LAS CUENTAS

Una muchacha encontró A.A. en prisión. Escribe a su madrina "de afuera" unas cuantas semanas después de ser puesta en libertad.

Querida Juana:

Te voy a escribir esta carta. Espero que así me pueda aclarar mis ideas según la vaya escribiendo. Quiero compartir estos pensamientos contigo. Acabas de recibir tu regalo. Un medio litro de whisky sin abrir. Te lo mando junto con esta carta.

En el momento en que te escribo, la botella está encima de mi tocador al lado de mi champú y mi colonia. Es del mismo color que el champú. Y para mí no tiene más significado que el que tiene la botella de champú.

Lo tenía cuando la compré. Dentro de mí estaba temblando. Volvía a sentir aquella tremenda presión en mi cerebro. Miré por la vitrina de la farmacia para ver si alguien me había visto comprarla. Me sentía muy culpable. Si un policía me hubiera arrestado, no me habría resistido a acompañarlo. Y, sin reservas, me habría declarado culpable.

Por supuesto, comprar una botella de whisky el sábado por la noche no va en contra de la ley del país. Pero va en contra de "la ley de A.A." No es la voluntad de Dios el que me emborrache. No está de acuerdo con tus principios ni los míos.

La compré para hacerme una prueba. Quería saber qué efecto tendría en mí si la bebiera. ¿Sufriría de los delirium tremens? ¿Me quedaría en casa? o ¿saldría para rondar las calles? ¿Sacaría de mi maleta el manuscrito de mi novela? Hace meses que no lo he leído ni he añadido al texto siquiera una palabrita. O, ¿iría a tu apartamento? Te diría: "¿Y ahora qué piensas de mí? Siempre me dices que soy una buena persona. Y que tienes tanta fe en mí... ¿Qué te parece esto?" ¿Lloraría por José? ¿Iría a la bolera a buscar a Román? ¿Podría parar de beber?

Si no me la bebiera, querría saber por qué. Según lo escribo, me doy cuenta. La dejé envuelta unos quince minutos tirada en la cama. No le prestaba ninguna atención. Arreglaba la ropa en mi armario. Entonces la saqué de la bolsa. Me senté en una silla y la miraba fijamente, leyendo la etiqueta. Me decía: "Fíjate en esta pequeña tal y tal. ¿Cómo podría dejar que esta botellita de líquido destrozara mi vida? No es nada. Yo soy algo. Soy un ser humano. Y tengo motivos para creer que seré una buena persona. Esta botella tiene el poder de convertir a la gente en cobardes llorones. Ahora que conozco su jueguito la puedo superar. Puedo salir ahora mismo. Puedo darle a esa gente el conocimiento y el poder que necesitan para dejar de beberla por el resto de sus vidas. Aquí soy yo quien manda. Y te mando al diablo."

Me puse de pie y la puse en el tocador. Prendí la luz y dejé que me bañara la cara. Me miré un buen rato en el espejo. Veía las presiones que había sufrido enferma durante la semana pasada. Tenía la gripe y la fiebre, y sinusitis. Pero podía ver mucho más. Veía ojos que miraban al mundo con bondad y buena voluntad. Veía la amistad de los miembros de

A.A. Había obrado una gran transformación en la expresión de esa cara. Parecía que los labios podrían sonreír en cualquier momento. Antes eran tan fríos y severos.

Me senté en una silla e hice la cuenta, la cuenta personal. Es así:

1. Juanita B. me ofreció más que el apadrinamiento. Me ofreció su amistad. No tenía que hacerlo, pero lo hacía porque me aprecia. Ella tiene fe en mí y se preocupa por mí.
2. Elena M. está orgullosa de mí. Se toma la molestia de hablar conmigo en las reuniones. Me invitó a la boda de su hija. Nadie ha tenido nunca conmigo tan delicadas atenciones. Y yo iré.
3. Rosa D. y yo nos estamos haciendo muy amigas.
4. Víctor B. me dice: "sigue haciendo el buen trabajo," y me estrecha la mano.
5. Carlos M. dice que tengo A.A.
6. Alejandro V. se deshace por darme ánimo en las reuniones. Me tiene verdadero afecto.
7. Margarita B. me invitó a compartir su casa.
8. A Juan H. le gusta pasar el tiempo conmigo.
9. Francesca P. y Eugenio R. con el paso de tiempo serán mis amigos.
10. Tengo la oportunidad de hacer realidad un sueño de Juanita. Esta bendición debe colocarse en segundo lugar de esta lista. Puedo volver a la Prisión para Mujeres de Indiana como oradora. Puedo servir como madrina y ejemplo. Puedo ayudar a las muchachas allí. Puedo contribuir a compensar a Juanita por las penas y dolores que ella ha soportado los últimos tres años.
11. Después de tres semanas en mi nuevo empleo, me ascendieron a camarera jefa. Hago un buen trabajo allí.
12. Soy muy trabajadora. En mi día libre me levanté temprano. Fui a Champaign, Illinois, para tratar de ayudar a Juanita B.
13. He asistido a tres, cuatro o cinco reuniones cada

semana celebradas por seis diferentes grupos de A.A. Lo hago para captar así el mensaje lo antes posible. Para ser un miembro eficaz y devolver lo que se me ha dado.

14. Ahora sé lo que es el amor cristiano entre personas. El Arzobispo Sheen habla acerca de ello muchas veces. Pero yo no podía creer en tal cosa. Ahora conozco este amor.
15. He dado los primeros siete de los Doce Pasos. Dejo a Dios que disponga de mi vida como más le complazca. Él está haciendo un buen trabajo.
16. Estoy contenta de vivir en una sola habitación. Mi felicidad tiene poco que ver con mis posesiones materiales.

Lo anterior es la lista de lo mejor que me ha sucedido desde que fui puesta en libertad hace 31 días. ¿Cómo podría esperar más u ocuparme de más de lo que ahora tengo?

Antes de empezar a escribir esta carta, fui al armario para buscar mi pijama. De repente dije: "Padre, cuídame. Ayúdame a hacer lo que Tú quieres que haga."

Juanita, Él lo hizo.

Tu amiga,
Dorotea
Indianapolis, Indiana

ALGO QUE SE LLAMA ESPERANZA

Soy un alcohólico encarcelado. Tengo solamente 31 años de edad. Pero durante 19 de ellos he sido bebedor. Poco tiempo después de tomarme mi primer trago, empecé también a drogarme. Pero siempre prefería el alcohol. Incluso cuando me drogaba, el alcohol entraba en juego. Esta parte de mi historia no es nada diferente de otros centenares que ya habrás oído contar. Trabajaba en una serie de trabajos de corta duración. Me echaron de las peores posadas de mala muerte debido a cómo me comportaba bebiendo. Una vez usé mi cheque de asistencia social para comprarme alcohol. Debía haberlo utilizado para pagar el alquiler.

Fue una locura. Lo hice en pleno invierno en la ciudad de Nueva York. No tenía familia ni amigos con quienes me pudiera quedar. Me instalé en los bancos de las estaciones de los trenes subterráneos de Astor Place y de Broad Street. Un policía me despertaba y me decía que me fuera. Me iba a la otra estación.

Durante los últimos diez años de mi vida de bebedor, todos alrededor mío sabían que tenía un problema. Había sido arrestado 72 veces. Los trabajadores de la asistencia social sabían que tenía un problema. Los jueces y los encargados de libertad condicional lo sabían. Me enviaban a diversos programas de tratamiento. Los programas se valían de A.A. como instrumento de auxilio del tratamiento. Pero, "yo no era alcohólico." Me sentía resentido con ellos por creer que lo era. No quería dar ese primer paso. Y nunca logré la sobriedad. Me habían llevado a la fuente, pero yo no quise beber el agua.

Cada vez que acababa en la cárcel, pasaba allí unos 90 días. Al salir en libertad, me encaminaba sin rodeos a la tienda de licores. Para mí la libertad siempre era de poca duración. Cada vez que salía de la cárcel, sabía que iba a volver. Siempre era una cuestión de cuánto tiempo estaría esta vez en libertad.

Durante los últimos cinco años, había llegado a convencerme de que mi vida estaba bajo una maldición. Seis veces intenté suicidarme. Aun en esto era un fracaso.

Cuando llegué a esta prisión, empecé a asistir a las reuniones de A.A. Quería causar una buena impresión a la junta de libertad condicional y lograr así que me acortaran la condena. No dio el resultado deseado. Cuando me presenté ante la junta, me dieron una "sacudida." El estado quería que cumpliera toda mi condena.

Luego algo curioso me sucedió. No había la menor posibilidad de que A.A. pudiera lograr que se redujera mi sentencia. Pero yo seguía asistiendo a las reuniones. En algún momento, de alguna forma, alguien había dicho algo en una de aquellas reuniones. Me dio algo que nunca había tenido antes. Hoy puedo dar un nombre a ese algo: se llama esperanza.

Oía hablar a gente de afuera; gente que se había encontrado en condiciones peores que las mías. Otros todavía no habían llegado a tal punto. Algunos incluso habían cumplido condenas en prisión. Pero todos decían que hoy conocían la alegría. Y yo sabía que no estaban diciendo mentiras. Porque se podía ver la alegría escrita en sus caras. Decidí que quería lo que tenían. Me puse a participar con mayor dedicación. Empecé a leer el Libro Grande, el Doce y Doce, *Como Lo Ve Bill,* y *Alcohólicos Anónimos llega a su mayoría de edad.* Y hoy, cada mes, espero ansiosamente recibir la edición más reciente del Grapevine — me las he arreglado para obtener unos doscientos números atrasados. Han llegado a ser mi lectura predilecta. Muy a menudo, al leer los artículos se me saltan las lágrimas. Porque dentro de mí puedo sentir una nueva esperanza.

Hoy tengo aquí en la prisión un cargo de responsabilidad. Soy consejero en el centro de pre-puesta en libertad. Tengo un padrino de afuera. Me viene a visitar cada semana. Me está ayudando a practicar los Doce Pasos. He aplicado estos Pasos a mi vida. He llegado a ser un hombre honesto. Ahora, la demás gente no vacila en confiar en mí o en depender de mí. Incluso me han elegido como coordinador de nuestra pequeña reunión aquí.

En el momento en que escribo estas líneas, me quedan 66 días para cumplir mi condena. Saldré en libertad. Hoy no se me ocurriría pensar en cuánto tiempo pasará antes de regresar.

El programa me ha dado un sentimiento de esperanza, y serenidad. Incluso en un lugar como éste. Quiero más de lo mismo cuando esté en libertad. Ya he decidido cuál será la primera reunión a la que asistiré. Se celebra a poca distancia de la prisión. Sé lo que tengo que hacer. Es lo que otros muchos han hecho tan generosamente. Tengo que regalar a otros lo que tan liberalmente se me ha dado a mí.

Quisiera dar gracias a todos los A.A. maravillosos que se tomaban la molestia de venir a esta prisión. Me siento agradecido por el mensaje que tenían que compartir con nosotros.

—W.H., Bedford Hills, N.Y.

CINCO ACCIONES SIMPLES

Asomé la cabeza por las puertas de A.A. poco después de mi segunda condena por manejar borracho (DUI). Quería poner una buena cara para el juez. Asistí a dos reuniones. Decidí que no necesitaba esa clase de exhibición. Podría escaparme de la condena sin asistir a eso. Saldría sin problemas. Acabé con una condena de cinco días. Le dije a mi empleador que necesitaba tomarme una semana libre por una emergencia familiar. Después de cinco días, me dejaron salir en libertad. Lo primero que hice fue ir a un bar a "comprar un paquete de cigarrillos". Pasé los diez años siguientes yendo de un trago a otro.

Mi tercera condena por DUI empezó con una palmadita en el hombro por parte de un sheriff local. Estaba preocupado por mi bienestar. Mi auto estaba medio en la calle y medio en el acceso a mi casa. El motor seguía en marcha y con las luces encendidas. Hacía dos horas que los bares habían cerrado. Me había dormido con el pie en el freno. Cuando me pidió que pusiera la palanca de cambios en posición "park" la puse en "drive" y casi lo atropellé.

Todos los clientes del bar me aconsejaron un abogado, pero yo no podía costeármelo. Me tuve que conformar con la abogada que estaba tramitando mi proceso de bancarrota. Me dio un precio especial. Le pedí que intentara librarme con un arresto domiciliario. Creía que no podría sobrevivir sin beber. Podrían ponerme un brazalete de tobillo y me compraría un barril de camino al trabajo. Me sugirió que empezara inmediatamente un programa de terapia externa. Le juré que lo haría. Pero no encontré el momento para hacerlo.

Me presenté a la vista preliminar de mi caso en la audiencia del condado. Tenía preparada la típica excusa de que "soy un bebedor social". Ya saben la rutina: "Ay, Dios mío, realmente no debería haber estado manejando aquella noche. Pero he aprendido la lección. ¿Puedo irme a casa ahora?" Incluso compré una billetera. Podría abrirla y enseñar las fotos de mis dos hijos. Sabía que eso tendría buenos resultados.

Me presenté ante el juez. No tardé mucho tiempo en ver que se había descubierto mi simulación. "Veo muchas señales de alerta en su expediente," me dijo. "No puedo decirle que usted es alcohólico. Eso lo tiene que decidir por sí mismo. Pero le voy a dar un tiempo para que se lo piense." Se me cayó el corazón. Me dijo: "Le voy a condenar a un año de prisión." Siguió hablando pero yo no podía oír las palabras. Tenía una sola pregunta en mi mente: "¿Cómo voy a beber?"

Después mi abogada me dijo que había tenido suerte. El juez había reducido 275 días de mi sentencia. Probablemente tendría que cumplir 60 ó 70 días. "Realmente no está mal," dijo ella. Sí claro. También me dio dos semanas para poner en orden mis asuntos. Recuerdo vagamente que me dijo: "Hay reuniones de Alcohólicos Anónimos en la cárcel. Creo que usted debería asistir a ellas."

Hice rápidamente mi declaración de impuestos. Pagué tres meses por adelantado de alquiler al dueño. Había estado saliendo con una muchacha. Sólo para usar su auto y sus bebidas. Me dijo que debía dejar de beber inmediatamente. Me las arreglé para hacerle creer que había dejado de beber y así ella seguía llevándome a todas partes en su auto. Llegó el día en que tenía que presentarme en la cárcel. La noche anterior, ella quería que me quedara en su casa. Pero le dije que necesitaba estar solo. Necesitaba un tiempo de "reflexión tranquila." ¿Se lo pueden creer? Estoy a punto de perder la libertad que tengo y lo único que quiero hacer es beber.

No tenía ni idea de lo que me esperaba. Los dos primeros días los pasé encerrado 23 horas en solitario. Salía para comer. Me permitían tener sólo dos libros en mi celda. En mi segundo viaje al carrito de los libros sólo estaba buscando un libro entretenido. Vi un libro pequeño sin título en el lomo. Era de color azul, y casi del mismo tamaño que los otros libros. Lo tomé. Leí estas palabras en la cubierta… *Alcohólicos Anónimos…* "Maldita sea", pensé. "Ahí está otra vez ese nombre." Casi lo dejé caer como si fuera una papa caliente. Pero algo pasó. Me di cuenta de dónde estaba. A nadie le importaba ni mi persona ni mucho menos lo que pudiera leer. Me lo llevé a mi celda.

No lo iba a leer. Lo abrí en una página cualquiera. Empecé a leerlo por encima. Miré las historias personales. Descubrí que yo había hecho casi todas las mismas cosas. Empecé a leer con más atención. Cuanto más leía, más pensaba: "Tengo algo en común con esta gente." Creo que también sentí un poco de esperanza. Había estado loco mucho tiempo. Pero nunca había recibido esta forma de castigo. Estaba avergonzado de ser un prisionero.

Luego me pusieron con los demás presos. Me llevé el libro conmigo. Otros presos me dijeron cómo podría salir pronto de allí: Tenía que poner mi nombre en la lista de prisioneros con privilegios especiales. Tenía que tener un buen comportamiento. En la mesa del guardia vi una hoja en la que podía escribir mi nombre en una lista. Era para diferentes programas. A.A. era uno de ellos. Me inscribí en la lista de A.A. Creía que así podría anotarme tantos. Me ayudaría a entrar en un programa de trabajo. Iba a las reuniones todos los martes y jueves. Escuché y comprendí. Incluso empecé a "compartir", pero lo que realmente hacía era despotricar. Empecé a darme cuenta de esto: casi cada persona que había en la cárcel estaba allí por causa del alcohol o de las drogas. También veía que todos somos muy egoístas. Y también autodestructivos, hasta el punto de estar locos. Si alguien me hubiera lastimado de la misma forma que yo lo había hecho a mí mismo, lo habría perseguido. Vi que mi manera de pensar me había llevado adonde estaba. Había acabado en la cárcel debido a mi forma de hacer las cosas. Tal vez realmente no sé lo que es bueno para mí. Tal vez los visitantes de los domingos tenían razón después de todo. Tal vez era el momento de tratar de hacer las cosas de otra manera.

También me fijé en los espejos de la cárcel. No tienes un espejo real. No como el que tienes en casa para peinarte o afeitarte. Más bien es como una pieza de acero inoxidable clavada en la pared. Parece como si alguien la hubiera limpiado con papel de lija. No te podías ver bien. Pero así estaba bien. Nunca me ha gustado mirarme a los ojos. Pero vi que tenía una imagen de mí mismo muy borrosa.

Después de estar allí seis semanas, algo me pasó. Había un partido importante esa noche. Yo tenía el "trono" — el asiento justo debajo de la televisión. No era un partido cualquiera. Mi equipo de hockey se jugaba la permanencia en las eliminatorias de la Copa Stanley. A la misma hora en que empezó el partido, el guardia anunció: "Los que hayan firmado para la reunión de A.A., es hora de empezar." Me dije a mí mismo, "esta gente va a estar aquí el próximo martes. Y yo también. No me voy a perder este partido. No voy a dejar este asiento." Al mismo tiempo me vino este otro pensamiento: "Más vale que me levante. Más vale que vaya a ver lo que A.A. tiene que ofrecer. Si no lo hago, voy a tener mucho tiempo para ver partidos en la cárcel." Me levanté y me fui a la reunión.

Me di cuenta de que algo había cambiado. Pero no le dije nada a nadie. Tenía miedo de malograrlo. Seguí asistiendo a las reuniones. Seguí leyendo el libro. Los hombres que traían las reuniones me dieron un libro con los horarios de reuniones afuera. Me dijeron que cuando saliera, tendría dos opciones: Ir a una reunión o ir a un bar.

El día que salí, fui a una reunión. Entré sintiéndome muy arrogante. Estaba muy orgulloso acerca de mis días de sobriedad. Estaba listo para anunciar el tiempo que llevaba sobrio ante un grupo de gente que nunca había conocido. Podían disputar para ver quién iba a ser mi padrino. Tenía un discurso memorizado.

Después de oír hablar a varias personas, me di cuenta de que era diferente "afuera." Empecé a sentirme nervioso. Esperé hasta que hubo una pausa en el compartimiento. Entonces dije precipitadamente: "Hola, me llamo Tony... y acabo de salir de la cárcel... estoy buscando un padrino... si alguien quiere ser mi padrino... favor de hablar conmigo después de la reunión... Gracias." No salió tan bien como lo había planeado. Pero sirvió para romper el hielo. El tipo que estaba a mi lado empezó a hablar. Su voz me sonaba muy conocida. Le miré. Su cara me era muy familiar.

Después de la reunión, se volvió y me dijo: "¿Acabas de salir de la cárcel, eh?" "Sí." "¿Quién fue el juez?" me preguntó. "Usted fue," le dije. "¿Cómo te sientes al estar enfrente del hombre que te puso en la cárcel?" me preguntó. Hasta el día de hoy no sé de dónde me salió la respuesta, pero le dije: "Es muy duro. Tengo que enfrentarme a él cada mañana en el espejo."

Me dijeron que no tenía que volver a beber. Me enseñarían cómo hacerlo. Seguí las sugerencias lo mejor que pude. Algunos días son mejores que otros. Pero ahora tengo más de 1,200 días de sobriedad. Ha desaparecido la obsesión.

No soy perfecto ni mucho menos. Todavía tengo todo tipo de problemas. Pero no tengo que beber a causa de ellos. Voy a las reuniones. Tengo un padrino. Practico los Pasos. Ayudo a otros. Y me pongo de rodillas.

Puede que oigas a mucha gente hablar de "trabajar" en los Pasos. Pero no sé si eso es exacto. El "trabajo" era tratar de engañar a la gente. Ser un alcohólico activo era un "trabajo." Esto es libertad. Libertad de la prisión. Una prisión en la que estaba mucho antes de que tuviera paredes que podía tocar.

—Tony F., Parker, Colorado

ERNESTO C., LA CAFETERA Y YO

Así es como conocí a Ernesto C. y encontré A.A. Creo que al buen Ernesto le hubiera gustado oír esta historia.

En 1986, ya había pasado seis años en la prisión estatal de Reidsville. Me transfirieron a la vieja prisión cantera de Buford. En Buford, me metí en los mismos problemas que en Reidsville, sólo que allí me era más fácil hacerlo.

La mayoría de la gente cree que la prisión te impide hacer malas cosas. Pero el hacer mal es un estilo de vida. En prisión aprendes a hacer más malas cosas y a cómo escaparte de los posibles castigos. A todos los han pillado alguna vez. Te dicen cómo evitar que te pillen. Así que eso es algo que aprendes en prisión.

Ya había pasado varios meses en Buford. Entonces alguien me pidió que fuera con él a una reunión de A.A. Me dijo que un hombre viejo venía todos los sábados. Traía café y cosas para comer. Repartía cigarrillos. También me dijeron que traía una caja de madera grande. Ahí guardaba su cafetera. También traía azúcar. Yo tenía que investigar esto.

Se me olvidó decirles algo: soy alcohólico. Me encerraron en 1980. Desde entonces, pasé la mayor parte del tiempo buscando formas de emborracharme. Todos me conocían como "el hombre borracho". Nadie podía pararme. No importaba adonde me pusieran. No importaba el tiempo que pasaran vigilándome. La bebida era mi vida.

Recuerdo la primera vez que vi a Ernesto C. Estaba de pie en una sala de visitas llena de presos. Les estaba diciendo que estaba allí porque los amaba. Cuando yo oía a alguien decir "te amo", siempre me decía a mí mismo "más vale que vigile a estos. Seguro que quieren algo."
Así que me senté al fondo de la sala. Estaba bebiendo café y fumando cigarrillos. Estaba buscando la caja donde se guardaba todo ese dulce azúcar. Necesitaba ese azúcar. Y necesitaba una cafetera grande para cocinar. Ya casi podía saborear el licor casero.

Después de la reunión, Ernest C. guardó sus cosas. Dijo algo acerca de "Sigue viniendo. Funciona." Me dije a mí mismo, "este viejo está loco." Pensé que algo andaba mal con él. Nadie viene a la prisión y dice cosas como "los amo, muchachos. Sigan viniendo. Funciona." Este se había tomado algo que yo nunca había probado.

La semana siguiente conseguí abrir la caja. Me llevé la cafetera y el azúcar. Hice un buen licor casero. Un vaso y un cigarrillo de marihuana. Estaba en la gloria.

Esto continuó hasta que me puse tan borracho que no podía andar. Entonces un oficial encontró la cafetera de Ernest C. Olía como si algo se hubiera muerto dentro. Me pusieron 28 días en la celda de castigo. Ya había estado antes allí. Y volvería a estar. Así es el estilo de vida.

Cumplí mi castigo en la celda. Me enviaron de vuelta al dormitorio. Bueno, otra vez llegó el sábado. Estaba mirando por la ventana. Vi a Ernest C. estacionando su auto. Me habían dicho que tuvo que conseguir otra cafetera. Esto me hizo sentir mal pero no lo demostré.

Llamaron para ir a la reunión de A.A. Ni siquiera pensaba en asistir. Y seguro que no quería oír lo que Ernest C. me fuera a decir.

Oí al oficial de la puerta decir mi nombre. Pedí a un

amigo que fuera a la puerta y le dijera al oficial que yo no iba a ir a la reunión de A.A. Así que podía dejar de llamarme. Pero eso no funcionó. Me dijo unas palabras que ya había oído antes: "Quieren hablar contigo." Me dije, "déjame terminar con esto. Vuelvo enseguida." El oficial dijo, "Te esperan en la oficina del superintendente." Cuando entré, allí estaba Ernest C. sonriendo. Me miró directamente y me dijo, "¿Qué tal las vacaciones?" Respondí, "Bastante mal, no había nada de sol." Me dijo, "Déjame preguntarte algo. Necesito a alguien que venga y haga el café. Alguien que prepare la sala para las reuniones del sábado. También necesito a alguien para mantener la cafetera y todas las demás cosas que traigo. Para que me avise cuando tenga que traer más." Tendió la mano y me dio la llave de la caja.

Casi me caí al suelo allí mismo enfrente de él y del superintendente. El superintendente me dijo: "Si quieres, puedes hacerlo." Tomé la llave. No puedo explicar cómo me sentía por dentro.

Aquella noche, fui a la reunión. Nadie me dijo nada. Había cometido un error pero nadie se metió conmigo por hacerlo. Eso era algo nuevo para mí. Allí estaba Ernest C. diciendo estas palabras: "Estoy esta noche aquí, muchachos, porque los amo." Después de la reunión dijo: "Sigan viniendo. Esto funciona."

Eso pasó hace 14 años. Mi vida ha cambiado mucho. A.A. y la gente como Ernest C. se han convertido en mi forma de vida. Siempre que tengo la oportunidad, me pongo enfrente de la gente y digo estas palabras: "Estoy aquí esta noche porque Dios me ama. Puso a Ernest C. y el programa de A.A. en mi vida. Los amo a todos. Sigan viniendo. Esto funciona."

P.D. Ernest C. sigue llevando reuniones a las prisiones. Porque ama a los hombres y las mujeres que hay allí. Y quiere que encuentren una nueva forma de vida.

—Marshall M., Hancock State Prison, Georgia

DE REGRESO A CASA

Estoy escribiendo esta carta sentado en el correccional de Billerica. La instalación está ubicada en Billerica, Massachussets. Estoy aquí para cumplir una condena de seis meses — mi tercera condena por manejar borracho.

No soy el preso típico aquí. Nunca he tenido otros problemas con la autoridad, aparte de ser arrestado por manejar borracho. Ningún miembro de mi familia ha pasado tiempo en prisión. Soy el primero. Estoy casado y soy dueño de una casa. Pago los impuestos. Tengo un título universitario. Estoy haciendo un curso de posgraduado en una universidad de Boston con miras a obtener un diploma de Maestría en Literatura en la Facultad de Bellas Artes. Pero al alcohol no le importa nada de esto. Aquí adentro no soy sino un convicto como los demás, infractor de la ley.

No obstante, me considero muy afortunado. Asistí a mi primera reunión de A.A. la noche después de ser arrestado. Unos seis meses antes de entrar en prisión. Me siento muy agradecido por no haber tenido que descender aún más. Estaba bien dispuesto a rendirme. Tuve suerte: entré en la prisión con seis meses sobrio y con el programa de A.A.

Recibí mi "don de la desesperación" al despertarme en la celda de detención. El don me llegó inmediatamente en el cuartel de la policía la mañana de mi arresto. Me dije a mí mismo: "Lo he vuelto a hacer. Juré que nunca manejaría después de beber alcohol. Pero lo he hecho." Me sentía muy angustiado. Me di cuenta de haber decepcionado a mi mujer y a mi familia. Y a mis amigos y a mí mismo. Y había puesto en peligro las vidas de otras personas.

Eso se debía a la locura de mi enfermedad. Borracho yo hacía cosas que nunca haría sobrio. Por fin admití ante mí mismo: era impotente ante el alcohol. Ya hacía tiempo que mi vida era ingobernable. En ese momento empezó a obrarse el milagro de mi recuperación.

Asistí a mi primera reunión de A.A. Tuvo lugar en el pueblo donde vivíamos mi mujer y yo en ese entonces. El mismo minuto en que entré en la sala, un hombre se acercó a mí y se presentó. Me preguntó si esa era mi primera reunión de A.A. (¿Cómo lo sabía?) Me ofreció un café. Me encontró un asiento. Un poco después una mujer vino a sentarse con nosotros. Estas dos personas, amables y amistosas, se quedaron conmigo durante toda la reunión. Me hicieron sentirme tranquilo y bienvenido. Ahora son dos de mis mejores amigos en A.A. Me siento orgulloso de decirlo.

Hay una historia en el Libro Grande titulada "Las mujeres también sufren." La autora hace referencia al Viejo Testamento. La palabra hebrea para "salvación" significa "regresar a casa y estar entre los tuyos." Así me sentía yo el momento en que entré en la sala de esa primera reunión. Por fin me encontré en casa entre los míos. Probablemente por primera vez en mi vida de adulto.

Durante los siguientes cinco meses y medio asistí a reuniones todos los días. Cuando era posible, asistía a más de una reunión. Me uní a varios grupos. Encontré un padrino. Hice caso de sus sugerencias. Hablé con tantas personas como pude, al ir y volver de las reuniones. Extendí la mano. Pedí a mis compañeros que me dieran sus números de teléfono.

Ya llevaba tres meses sobrio. Empecé en mis grupos a

ofrecerme como orador ante otros grupos. Conté mi historia a otras personas. Durante todo ese período el tribunal siguió posponiendo el juicio. Esto sirvió para intensificar el miedo que tenía. Hablé acerca de este miedo con mi padrino y mis compañeros de A.A. Todos me aconsejaron a que "lo pusiera en manos de Dios". Dejar que Dios se ocupara del asunto. Eso fue para mí una nueva idea. Tardé tiempo en acostumbrarme. Entonces empecé a sentir un cambio. Seguí entregando mi vida y mi voluntad a Dios. La práctica fue convirtiéndose lentamente en un acto reflejo. Era la mejor formar de enfrentarme a mi temor y a mis dudas. Ya fuera en cuanto a mi juicio o en otra situación cualquiera.

Por fin tuve que comparecer ante la justicia por manejar bajo los efectos del alcohol. Mis amigos de A.A. me acompañaron. Ofrecieron apoyo moral a mi mujer y a mí. El juez aplaudió mis esfuerzos por cambiar mi vida. Luego me sentenció a cumplir una condena en la cárcel. Tuve que pagar por mis errores. Empezaría a quitar los escombros del pasado. Esos mismos compañeros de A.A. consolaron a mi mujer. Se comprometieron a ayudarla mientras yo estuviera encarcelado. Procurarían que ella estuviera bien.

Mi padrino y mis compañeros de A.A. vienen a visitarme cuandoquiera que pueden. Me dicen que rezan por mí. He aprendido a rezar, gracias a A.A. Doy gracias a Dios por introducir en mi vida a todas estas maravillosas personas. Y Le pido que me quite mi deseo obsesivo de tomar alcohol. Este contacto consciente con Dios es un gran consuelo para mí. Nunca lo he conocido en mi vida. Estaba en bancarrota espiritual cuando bebía. Me di cuenta de eso cuando mi padre se murió. Nueve meses antes de que yo me uniera a Alcohólicos Anónimos.

Yo sé que ya no tengo que estar solo. Por eso me siento agradecido. El Libro Grande me dice: "Vine a A.A. buscando únicamente la sobriedad, por medio de A.A. he encontrado a Dios."

Durante este tiempo que he pasado en prisión, he echado mucho de menos mis reuniones regulares. He echado de menos a mis compañeros de esas reuniones. Pero nunca olvidaré todo lo que he aprendido de ellos. Sigo estando con estos amigos en espíritu y en mis pensamientos. Cada noche pienso en la reunión a la que asistiría afuera. La veo en mi mente. Veo a la gente que asiste a esa reunión. De esta manera sencilla, me parece que estoy con mis amigos.

Aquí en prisión tenemos dos reuniones cada semana. Los presos dirigen ambas. De esta forma podemos acumular "tiempo bueno". Trato de participar y hablar tanto como puedo. No hay muchos oradores. Cuento mi historia o leo un capítulo del Libro Grande. O a veces leo una historia del Grapevine. Mi mujer me envía números de la revista según se publican. Me siento muy feliz cuando me llegan. Trato de compartir mi experiencia, fortaleza y esperanza con los otros presos. Siempre espero poder plantar así la semilla o ayudar a alguien que busque la sobriedad. Y sé también que esto contribuye a mantenerme sobrio.

Espero salir en libertad en un plazo de cinco o seis meses. Quiero volver a la vida nueva que tuve que dejar. Espero seguir trabajando en mi programa de recuperación. Espero llegar a ser la persona que siempre he deseado ser. Quiero ser el marido, el hermano, el hijo, el amigo, el empleado de quien mis seres queridos y otra gente familiar puedan sentirse orgullosos de conocer. Espero compartir mi experiencia de la prisión con otros. Tal vez puedo ayudar a alguien a evitar los errores que yo cometí. Creo que Dios me ha dado una nueva oportunidad. Me ha hecho posible ver con nuevos ojos. Veo todas las cosas especiales de mi vida que antes no sabía valorar. Dios mediante, tendré una vida sin comparación. Un día a la vez. Y nunca tendré que volver a ver por dentro los muros de esta prisión.

—Keith C., Billerica, Massachussets

LÁNZATE DE CABEZA

Me llamo Glen R. Me crié en Randallstown, Maryland. Ahora es uno de los principales suburbios de Baltimore. Pero en mis años de juventud, era un pueblo pequeño. De niño jugaba al fútbol y al béisbol. Era un muy buen jugador. Ya a tierna edad se me subieron los humos a la cabeza.

Cuando tenía 12 años, pasé la noche de un viernes en casa de un amigo. Me quedé abrumado. Sus padres habían dejado todas sus botellas de bebidas alcohólicas a la vista de cualquiera, sin cerrojo. Nunca me había tomado ninguna bebida alcohólica. Pregunté a mi amigo si me dejaba tomarme un par de tragos. Me dijo que no le importaba en absoluto. Así que me tomé sin más mis primeros tragos. Primero me entró una especie de calor y luego me sentí mareado. Vomité y el buenazo de mi amigo me hizo el favor de limpiarlo todo del suelo. Él creía que yo había aprendido la lección.

Pero la bebida me tenía enganchado. Decidí conseguir más alcohol. Empecé a situarme enfrente de la tienda de licores con la esperanza de ver a algunos amigos de mi hermano mayor. Ellos podían comprarme cerveza. Hice esto varias veces. Luego mi hermano se enteró del asunto.

Presionó a sus amigos y les convenció de no ayudarme. Mi equipo de fútbol ganó dos campeonatos nacionales. Tenía cada vez más estima de mí mismo. Al llegar a los 16 años de edad, ya visitaba los bares locales. Pedía whisky seguido de cola. Me creía muy importante. No me importaba nadie. Conseguí mi permiso de conducir. Mi abuela me regaló un automóvil. A las dos semanas lo destrocé en un accidente.

La policía me envió a mis primeras clases sobre el alcohol. También me envió a reuniones de A.A. En las clases nos enseñaron fotos de gente muerta. Habían muerto en accidentes de automóvil. Algunos decapitados. Pero no me molestó verlos. Con esto empezó mi patrón de comportamiento: haría lo que fuera necesario para volver a beber. Hice lo que las autoridades me dijeron que hiciera. Hice lo que mis padres y mis profesores me dijeron que hiciera. Todos estaban contentos. Luego empecé a vender drogas ilegales.

Las cosas empezaron a empeorarse. Mi promedio de bateo fue bajando desde .406 hasta .320. El beber tomó cada vez más control de mi vida. Me metí en grandes problemas con la ley, y me interrogaron en el mismo salón de estar de mis padres. Me soltaron pero me dijeron que se pondrían en contacto conmigo más tarde. Me sentía avergonzado de estar solo con mis padres. Sabía que ellos creían que yo tenía la culpa. En el pasado siempre podía inventar excusas para justificar mi conducta. Pero esa vez no pude hacerlo.

Me pusieron en libertad vigilada. Me ordenaron asistir a la universidad. Tenía que ver a consejeros. Les convencí de que iba a estar bien. Eso funcionó durante un año. Entonces volví a beber. Salí suspendido de la universidad.

Conocí a mi futura esposa. Me ayudó a conseguir un buen trabajo con una gran compañía química. Era maravilloso ganar tanto dinero. Pero me empujó a beber. Durante los 15 años siguientes bebía todo lo que podía. Bebía para ocultar el dolor que sentía. Mi matrimonio fracasó. Mi vida era una ruina. Tuve cantidad de oportunidades de recuperarme de mi alcoholismo. Pero siempre creía que iba a morir borracho. Perdí mi trabajo a causa de la bebida. Me ingresaron en tratamiento por alcoholismo y depresión. Me mantuve sobrio seis meses. En ese punto me dije que necesitaba unas cervezas para poder relajarme. Había conseguido un puesto en la oficina de correos. Creía que todo iba bien. Creía que estaba controlando mi consumo de alcohol. Pero poco a poco iba perdiendo "el control". Mi "control" era una pura fantasía.

Fui a una fiesta navideña en un bar de Gulfport, Florida. Se sirvieron tragos gratis durante una hora. Me tomé cuatro Bloody Marys muy fuertes. Experimenté una laguna mental. Iba a 90 millas por hora por una calle de St. Petersburg. Y ni siquiera lo sabía.

Tomé la patrullera por una ambulancia. Me hice a un lado para dejarla pasar. De repente me di cuenta de que era la policía y me iban a arrestar. Flipé e intenté escaparme rápidamente. El policía se lanzó por la ventana del automóvil. Luchamos hasta que se cayó del coche. A 40 millas por hora. Por la gracia de Dios, no salió gravemente lesionado. Luego me salté 13 señales de stops a 90 millas por hora. Entonces, parece que vi delante las luces intermitentes de un control de carretera. Se me ocurrió la idea de pasarlo a toda carrera. Pero no lo hice. Por la gracia de Dios me rendí ante todo.

Me sentenciaron a cumplir 25 meses en una prisión de Florida. Con una reducción de la condena por buen comportamiento salí liberado después de 21 meses y medio.

En prisión asistía a las reuniones de A.A. siempre que era posible. Tenía la suerte de tener un ejemplar del Libro Grande. Leí el capítulo titulado "Hay una solución" más de 90 veces. Tenía una verdadera necesidad de captar este hecho: que para mi forma de beber había una solución.

Al acercarme al fin de mi encarcelación, escribí una carta a la oficina de A.A. de Nueva York. Pedí que me dieran el nombre de un compañero con quien ponerme en contacto en St. Petersburg. John M. me escribió una carta. Me envió información acerca de A.A. y un número de teléfono al que podía llamar al ser puesto en libertad. Llamé a ese número. John no tardó en venir a verme. Se ofreció para ser mi padrino temporal. Me llevó a reuniones de A.A. Me dio una lista de reuniones locales. Incluso me ayudó a encontrar un trabajo. Era un hombre extraordinario. ¡Qué dichoso soy! Seguí asistiendo a reuniones de A.A. He llegado a conocer a otros muchos miembros maravillosos y trabajar con ellos.

Cada semana mi grupo base efectúa una votación para elegir un principio espiritual para ponerlo en práctica. Por ejemplo, podemos elegir el principio de generosidad y luego practicarlo un día a la vez. Volvemos a la reunión y compartimos nuestra experiencia, fortaleza y esperanza referente a poner el principio en práctica. Así aprendemos a vivir la vida de A.A. Y me gusta llegar temprano a la sala de reunión. Para poder hacer café.

Los miembros de mi grupo base me han dado amor y apoyo. Los he encontrado también en las otras reuniones a las que asisto. Me siento asombrado. Mi aislamiento de otras personas siempre ha tenido su raíz en el miedo. Pero hoy conozco una nueva vida con Dios como yo Lo concibo. A.A. me condujo a una relación personal con mi Poder Superior. A este poder lo llamo Dios. Amo a Alcohólicos Anónimos. Ya sé que me salvó la vida.

—Larry P., St. Petersburg, Florida

LA VIDA ES BUENA

Soy como muchas de las mujeres que hay en prisión. Fui víctima de agresión sexual. Eso también dio comienzo a 23 años de mi carrera de bebedora. Me quitaron mi juventud y mi inocencia, junto con toda la autoestima que pudiera tener, que no era mucha. Me sentía airada contra Dios. ¿Cómo podía Él dejar que sucedieran esas malas cosas a gente buena? En lugar de recurrir a Dios para encontrar ayuda, me aparté de Él. Recurrí al alcohol. Encontré una nueva vida con la bebida. Encontré nuevos amigos. Y me sentía como si volviera a pertenecer a algún sitio.

Me crié en un buen hogar con unos buenos padres. Mentía a mi familia para guardar mi secreto. No quería lastimarlos. Mi estilo de vida cambió. Había sido una "buena chica." Pero empecé a salir furtivamente a los bares cuando era menor de edad. Me convertí en una persona inmoral. Sólo me preocupaba de mí misma. Siempre estaba buscando algo. Tal vez quería recuperar mi autoestima. No estoy segura. Pero trataba de encontrarla en el alcohol y los hombres, cualquier hombre.

Cuando tenía algo más de 20 años, me paré a fijarme en mi estilo de vida. Podía verme a mí misma en la banqueta de bar a los 60 años. Temía que iba a vivir así el resto de mi vida. Pensé que sólo había una salida: casarme y sentar la cabeza. Y lo hice por algún tiempo. Pero él no. El matrimonio se acabó seis años después. Una cosa buena salió del matrimonio: mi hijo. Cuando se acabó el matrimonio, volví a mi primer amor: el alcohol.

Abusé de la bebida durante más de 20 años. Eso me condujo al abuso de drogas y a venderlas. Por esa razón me arrestaron hace cinco años. Me visitaron varios miembros de las unidades especiales de la policía (SWAT). Traían una orden de entrada sin llamar. Me dejaron ir esa primera noche. Pero no me tomé en serio su consejo. Volví inmediatamente a lo de antes. Me volvieron a visitar. Esta vez me di cuenta de que estaban en serio.

La primera vez que me arrestaron, me quitaron a mi hijo. Menos mal que pude conseguir que me lo devolvieran. Al siguiente arresto, no tuve tanta suerte. Nunca se me olvidarán esos rifles de asalto apuntando a nuestras cabezas. Se llevaron a mi hijo y lo pusieron en cuidado supervisado temporal. Luego empezaron las citas con los tribunales de justicia. Al recordar esos días, no me puedo creer lo arrogante que era. Me decía, "Sólo he cometido algunos errores en los años pasados. Yo no soy realmente así. No es posible que me manden a prisión." Qué equivocada estaba.

En aquel entonces tenía relaciones con un hombre. No era una relación sana. Me quedé embarazada con gemelos. Así que esta es la situación: no tengo a mi hijo. Estoy embarazada y me van a enviar a prisión. Estoy muerta de miedo. ¿Cómo ha llegado a estar mi vida tan fuera de control? ¿Qué me ha pasado? Estaba angustiada. Había tocado fondo. Decidí hacer algo que no había hecho en muchos años. Me puse a rezar. Hablé con el Dios de mi infancia.

Encontré el único sitio tranquilo de la casa. Era un

armario. Abrí mi corazón y mi alma al Dios que conocí años antes. Me escuchó. No recuerdo lo que pasó después de esa oración. Sólo sé que tenía una gran sensación de paz. Eso era algo que no había sentido en mucho tiempo. Rogué a Dios que me librara de la prisión. Pero ese no era el plan que Dios tenía. En abril, me sentenciaron al Departamento de Correccionales de Utah. Al recibir la sentencia, recé, "Dios mío, si tengo que ir a prisión, te ruego que vengas conmigo." Así lo hizo.

En prisión, Dios me condujo a A.A. Empecé a asistir a las reuniones. Lo hacía para salir una hora de mi celda. Algo para combatir el aburrimiento. Pero según escuchaba, me daba cuenta de que estaban hablando de mí. Durante años, me decía a mí misma: "eres una buena persona que ha cometido algunas equivocaciones." Pero eso no era verdad. Era una mujer alcohólica.

Dios y A.A. se convirtieron en mi cuerda de salvamento. Así es como logré salir adelante. El resto de mis dos años en prisión, asistí fielmente a las reuniones de A.A. La gente llevaba el mensaje de A.A. adentro del sistema de prisiones. Me salvaron la vida. Tuve a mis preciosas gemelas mientras estaba en prisión. Eso es lo más difícil que tuve que pasar. Mis hijas nacieron el día 2 de agosto. Cinco días después, me dieron de alta del hospital. Me enviaron de vuelta a la prisión. No volví a ver a mis hijas en 16 meses.

Pero hice una cosa bien, debido a que encontré a Dios y a A.A. en prisión. Cuando salí en libertad, me llevé a mis hijas conmigo. Encontré inmediatamente un grupo base de A.A. Tuve que aprender a vivir afuera sin alcohol. Aprendí a hacerlo por medio de la práctica de los Doce Pasos.

Tenía que reparar las relaciones con mi familia. Sobre todo, tenía que reunirme con mi hijo. Dios dispuso que me volvieran a conceder la custodia de mi hijo, y también de mis hijas. Hice reparaciones con mi hijo. Ahora tiene 13 años. Esa fue una de las cosas más aterradoras que jamás he hecho. Pero él fue muy comprensivo. Me gané su confianza. Y la confianza del resto de mi familia. Costó bastante tiempo, pero mereció la pena. Ahora tengo una relación cariñosa con mis hijos. Mis hermanos y hermanas me han acogido de nuevo. También he hecho reparaciones conmigo misma. He aprendido a perdonarme a mí misma por todo el daño que causé a otros. A.A. me enseñó a perdonarme a mí misma. Y también me ayudó a descubrir otra cosa: me gusta la persona que soy.

Todavía tengo dificultades en la vida. ¿Quién no las tiene? Pero ahora, pongo en práctica los Doce Pasos en todas las dificultades de la vida. Ya no uso el alcohol como solución, o para apagar el dolor. La vida es buena, gracias a Dios y a A.A.

—Diane F., Perry, Utah

LOS DOCE PASOS
DE ALCOHÓLICOS ANÓNIMOS

1. Admitimos que éramos impotentes ante el alcohol, que nuestras vidas se habían vuelto ingobernables.

2. Llegamos a creer que un Poder superior a nosotros mismos podría devolvernos el sano juicio.

3. Decidimos poner nuestras voluntades y nuestras vidas al cuidado de Dios, *como nosotros lo concebimos*.

4. Sin temor, hicimos un minucioso inventario moral de nosotros mismos.

5. Admitimos ante Dios, ante nosotros mismos, y ante otro ser humano, la naturaleza exacta de nuestros defectos.

6. Estuvimos enteramente dispuestos a dejar que Dios nos liberase de todos estos defectos de carácter.

7. Humildemente le pedimos que nos liberase de nuestros defectos.

8. Hicimos una lista de todas aquellas personas a quienes habíamos ofendido y estuvimos dispuestos a reparar el daño que les causamos.

9. Reparamos directamente a cuantos nos fue posible, el daño causado, excepto cuando el hacerlo implicaba perjuicio para ellos o para otros.

10. Continuamos haciendo nuestro inventario personal y cuando nos equivocábamos lo admitíamos inmediatamente.

11. Buscamos, a través de la oración y la meditación, mejorar nuestro contacto consciente con Dios, *como nosotros lo concebimos*, pidiéndole solamente que nos dejase conocer su voluntad para con nosotros y nos diese la fortaleza para cumplirla.

12. Habiendo obtenido un despertar espiritual como resultado de estos pasos, tratamos de llevar este mensaje a otros alcohólicos y de practicar estos principios en todos nuestros asuntos.

LAS DOCE TRADICIONES DE ALCOHÓLICOS ANÓNIMOS

1. Nuestro bienestar común debe tener la preferencia; la recuperación personal depende de la unidad de A.A.

2. Para el propósito de nuestro grupo sólo existe una autoridad fundamental: un Dios amoroso tal como se exprese en la conciencia de nuestro grupo. Nuestros líderes no son más que servidores de confianza. No gobiernan.

3. El único requisito para ser miembro de A.A. es querer dejar de beber.

4. Cada grupo debe ser autónomo, excepto en asuntos que afecten a otros grupos o a A.A., considerado como un todo.

5. Cada grupo tiene un solo objetivo primordial: llevar el mensaje al alcohólico que aún está sufriendo.

6. Un grupo de A.A. nunca debe respaldar, financiar o prestar el nombre de A.A. a ninguna entidad allegada o empresa ajena, para evitar que los problemas de dinero, propiedad y prestigio nos desvíen de nuestro objetivo primordial.

7. Todo grupo de A.A. debe mantenerse completamente a sí mismo, negándose a recibir contribuciones de afuera.

8. A.A. nunca tendrá carácter profesional, pero nuestros centros de servicio pueden emplear trabajadores especiales.

9. A.A. como tal nunca debe ser organizada; pero podemos crear juntas o comités de servicio que sean directamente responsables ante aquellos a quienes sirven.

10. A.A. no tiene opinión acerca de asuntos ajenos a sus actividades; por consiguiente su nombre nunca debe mezclarse en polémicas públicas.

11. Nuestra política de relaciones públicas se basa más bien en la atracción que en la promoción; necesitamos mantener siempre nuestro anonimato personal ante la prensa, la radio y el cine.

12. El anonimato es la base espiritual de todas nuestras Tradiciones, recordándonos siempre anteponer los principios a las personalidades.

Grupo Mi Ultima Esperanza
560 SE 4th Ave. Suite #230
Hillsboro, OR 97123

Grupo Mi Ultima Esperanza
560 SE 4th Ave. Suite #230
Hillsboro, OR 97123